W0207788

Karina Ramirez

Stadthexen

Ein Jahr und ein Tag – Dreizehn Lektionen aus der Tradition der Weisen Frauen

Arbeitsbuch

Bitte fordern Sie unser kostenloses Verlagsverzeichnis an:

Smaragd Verlag
In der Steubach 1
57614 Woldert (Ww.)
Tel.: 02684.978808
Fax: 02684.978805
E-Mail: info@smaragd-verlag.de
www.smaragd-verlag.de

Oder besuchen Sie uns im Internet unter der obigen Adresse.

Deutsche Erstausgabe 2002
Cover und Umschlaggestaltung: Böhm & Partner, Koblenz
Satz: DTP-Service-Studio, Rheinbrohl
Printed in Czech Republic
ISBN 3-934254-51-9

Karina Ramirez

Stadthexen

Ein Jahr und ein Tag – Dreizehn Lektionen aus der Tradition der Weisen Frauen

Arbeitsbuch

Smaragd Verlag

Über die Autorin

Karina Ramirez, Jahrgang 54, stammt aus der mystischen Rhön und erfuhr schon als Kind, besonders durch den Vater und Großvater, die Hochmoore, Hügel, Wälder und Wiesen dieser Landschaft als tief vertraut und beglückend. Der Umzug und das weitere Leben in einer großen Stadt in Nordhessen unterbrach die Verbundenheit mit der Natur kaum.

Anfang der siebziger Jahre kam sie in England mit den Wurzeln der keltischen Tradition in Berührung und folgt seitdem ihrem spirituellen Weg. Er führte sie Mitte der Achtziger nach Afrika, als Schülerin eines Yoruba Schamanen und Fetischpriesters. Zurückgekehrt, begegnete sie einer Weisen Frau, ganz in der Nähe ihres Wohnortes, bei der sie einige Lehrjahre verbrachte. Zwischendurch reiste sie durch halb Europa, in die Wüste und in den Himalaya und lernte von Menschen, Tieren und der Natur.

1986 eröffnete sie ihren Erlebnisbuchladen AVALON in Kassel, wo sie seitdem lebt und arbeitet.

Seit vier Jahren gibt sie ihre Erfahrung in Jahresgruppen und Workshops weiter und leitet Rituale der Erde.

Inhalt

Einführende Worte

Meine ersten vier Lebensjahre verbrachte ich am Rande einer Kleinstadt in der Rhön. Diese Zeit war erfüllt von endlosen Freuden auf dem Bauernhof meiner Verwandten, beim Spiel mit den Hoftieren und denen, die mir in der freien Natur begegneten, wie Eidechsen, Vögel und Eichhörnchen. Erinnerungsfetzen von Begegnungen mit Zwergen, Elfen und Kobolden blitzten später manchmal in meinem Leben auf.

Nach dem Umzug meiner Eltern in eine große Stadt in Nordhessen war ich kreuzunglücklich. Wir lebten in einer Neubausiedlung, wo wir Kinder den neu angelegten Rasen nicht betreten durften. Also trieb ich mich vorzugsweise in verwilderten Gärten und im nahen Wald herum. In meiner Schulzeit schwänzte ich manchmal den Unterricht, um barfuß durch den Stadtpark zum See zu laufen, oder mit einem Kanu auf dem Fluss zu paddeln. Ich suchte Kontakt zu den Feen meiner Kinderzeit und war gleichzeitig überzeugt, dass es in der Stadt keine geben könne. Als Studentin trampte ich durch halb Europa, Großbritannien und Irland. Ich fand Spuren, Geschichten und magische Orte, wie Dartmoor und die Steinkreise, aber Avalon fand ich damals noch nicht.

Während meiner Ausbildung als Lehrerin für Fremdsprachen bekam ich schmerzhafte Anfälle von Sehnsucht nach der magischen Welt, die so unvereinbar mit dem „normalen Leben" zu sein schien. Es folgte einige Jahre in ungeliebten Arbeitsplätze und unerfüllten Beziehungen, bis ich eines Tages, völlig verzweifelt am Zustand dieser Welt, innerlich zusammenbrach. Ich hatte über ein Jahr lang bei einer Greenpeace Gruppe ehrenamtlich Infostände, Stadtaktionen und Sammlungen mit organisiert, und das tägliche Leid, die neusten Horrormeldungen, wurden mir zuviel: ich sah meine geliebte Natur sterben.

Nachdem ich ausgiebig über die Möglichkeit eines schmerzfreien Freitods nachgedacht hatte, fiel mir plötzlich ein Buch von Castaneda ein, den ich ein paar Jahre zuvor gelesen hatte. „Die Lehren des Don Juan" – Die Geschichte der Begegnung des Autors mit einem toltekischen Indio - Zauberer, einem Meister des Bewusstseins. Wenn es solche Menschen auf der Welt wirklich gab, dann hatte ich eine Chance. Wenn ich zaubern lernen könnte ...

Mein Entschluss reifte, und bei meinem nächsten Besuch im Wald, es war zufällig eine Walpurgisnacht, kletterte ich auf einen kleinen Hügel und begann in die Nacht zu rufen: „ Ihr Kräfte, wenn es Euch gibt, dann kommt her! Ich will lernen, die Natur zu heilen, kommt, nehmt mich als Werkzeug" In meiner Unwissenheit wusste ich natürlich nicht, wen ich da alles rief.

Bald darauf traf ich meinen ersten Lehrer der Magie, einen afrikanischen Fetischpriester und Zauberer, auf einem spirituellen Kongress bei den Externsteinen. Ich war wie elektrisiert über die schnelle Antwort auf mein Rufen! Unverzüglich wurde aus mir eine leidenschaftliche Schülerin des Schamanismus, und ich erfuhr eine erste Initiation in meine Kraft auf einer mehrmonatigen Reise durch die Sahara bis nach Oshogbo, dem magischen Herz Nigerias in Westafrika. Doch das ist eine andere Geschichte. Nur soviel dazu: Ich lernte, dass Zaubern zwei Seiten hat, und bekam die Gelegenheit, den Geist der Macht zu spüren und mich bewusst für die Art von Magie zu entscheiden, die von Liebe getragen ist. Von der Liebe zu den Tieren, den Bäumen, zur ganzen Natur und zu den Menschen, auch wenn das oft am schwersten fällt.

Vor wirklichem Schaden bewahrten mich meine kindliche Offenheit und die Abwesenheit von Machtgelüsten. Die Lehren der alten Märchen waren der Zauberfaden, der mich durch das Labyrinth der Gefahren leitete. Ich habe sie Hunderte Male gehört als Kind. Ihre Botschaft war für mich immer Hinweis und Schulung im rechten Verhalten bei seltsamen Tagträumen, Alpträumen oder anderen Dimensionen der nicht alltäglichen Realität. Sie haben meine Ethik geprägt. Wenn die Brote und Apfelbäume rufen, werde ich selbstverständlich ihre Bitten erfüllen. Nicht, weil ich mich bei Frau Holle einschmeicheln will, sondern weil ich mich in die Wesen einfühlen kann. Ebenso rettete ich Libellen, Frösche, Vögel und Igel, die in Bedrängnis waren. Wenn es schaurig wird, weil eine seltsame Phantasie mir Bilder eingibt, die mich in Panik versetzen könnten – wenn die Teufel tanzen - wie in dem Märchen „Von Einem, der auszog das Fürchten zu lernen“, dann erinnere ich mich daran, dass bald die Sonne aufgehen und der ganze Spuk verschwunden sein wird. Das heißt, ich kann sie tanzen lassen, weil ich weiß, dass es eine vorübergehende Erscheinung ist. Die alten Geschichten, die ja für viele „blutrünstig“ und pädagogisch nicht vertretbar sind, lehren den Umgang mit Geistern und anderen nicht alltäglichen Wesen. Und sie tragen die Botschaft, dass der, der reinen Herzens ist und nicht ausschließlich egoistische Ziele verfolgt, von den guten Geistern nicht verlassen wird.

Trotz Malaria und Ruhr war ich in „good spirits“, als ich zurück nach Hause kam. Allerdings hatte ich nach diesem Abenteuer von den männlichen Zauberern genug. Ich wollte lieber von und mit Frauen lernen, die ihren Weg des Herzens gehen, und Eigenmacht statt Macht verfolgen. Und das Universum ließ mich ihren Weg kreuzen. Bis heute sind mir viele weise, aufregende und wilde Frauen begegnet, die ihre Schätze mit mir teilten und immer noch teilen. Gerade jetzt, wo ich die letzten Zeilen schreibe, treffe ich eine über achtzigjährige Weise Frau aus England bei einem

Tanz-Performance Event zur Mittsommernacht. Sie kennt die Künstlerin Carolyn Hillyer persönlich, deren Musik uns zu diesem modernen Mysterienspiel inspiriert hatte. Auf dem Göttinnen – Festival in Glastonbury wird sie ihr wieder begegnen. Sie freut sich darauf, über den Zauber zu berichten, der aus Carolyns Kreativität und Magie entstanden ist. Immer wieder schließen sich Kreise.

Ich begreife heute, was es damals war, das mich in solche Verzweiflung gestürzt hatte: Unser Planet Erde liegt nach fünftausend Jahren patriarchaler Herrschaft durch einen verstandesbetonten und profitorientierten Wachstumsdrang unter einem Bann von Angst und Gewalt. Die Natur und die Lebewesen sind krank, die Frau hat die Verbindung zu ihrem weiblichen Wesen und zur Natur weitestgehend verloren. Aber die Erinnerung an das weibliche Urwissen, ein sinnliches und intuitives Begreifen der Welt, die Erinnerung an eine Zeit, wo Frauen als Priesterinnen und Heilerinnen die Angelegenheiten ihrer Familien und ihres Volkes führten, taucht langsam wieder auf.

Die Magie der weisen Frauen kann in diesem Sinn auch nicht erlernt, sondern nur geweckt und erinnert werden. Im Wesentlichen bestand die Kunst unserer Ahninnen darin, Kommunikation mit allen Wesen herzustellen, und Schönheit, Heilung und Schutz für sich und ihre Mitmenschen in die Welt zu bringen. Wenn Frauen sich wieder spüren, ihre Selbstheilungskräfte aktivieren, ihren Weg im Einklang mit den natürlichen Kreisläufen wählen, können sie sich mit anderen verbinden und sich der Schwesternschaft wieder erinnern.

Ich war auf meinem Weg durch die „äußere Natur“ meiner eigenen inneren Natur wieder nahe gekommen. Und in dieser Nähe mit mir selbst richte ich mir mein Stadtleben so ein, dass es mich nährt und mir die Kraft gibt, in dieser Welt zu tanzen, ebenso wie in anderen Realitäten. Ich schütze mich möglichst vor Elektrosmog und Strahlung, filtere und energetisiere mein Trinkwasser und erhole mich, manchmal nur für eine halbe Stunde, in meinem Dachgarten.

Ich will nicht behaupten, dass es schnell ging mit der Umsetzung im Alltag. Ich sage auch nicht, dass bei mir immer alles klappt. Im Gegenteil habe ich, wie die meisten von uns, vor allem durch die Dinge gelernt, die schief gingen. Deshalb möchte ich einen roten Faden auslegen, als Angebot für die Schwestern und alle Suchenden, meine Erfahrungen zu teilen, um den Weg, den jede selbstverantwortlich gehen muss, zu begleiten.

Ich arbeite und spiele heute mit Frauen, die ihre urmütterlich ererbten Kräfte wieder entdecken möchten, die Sehnsucht haben nach der Wiederverbindung mit der ganzen Natur, und die Zyklen des Lebens als Unterstützung und Wachstum erfahren wollen, um mit sich selbst und dieser Welt zu einer Balance der Energien zu finden. Die Kapitel dieses Buches folgen dem traditionellen Zyklus von dreizehn Mond-Monaten - „einem Jahr und einem Tag“, und eröffnen das Rad des Jahres mit dem Erwachen der Lichtkräfte im Frühjahr. Wenn ich im weiteren Verlauf von der Alten Tradition spreche, meine ich nicht nur die naturreligiöse Weltsicht unserer Vorfahren im westeuropäischen Raum, sondern die aller ursprünglichen Völker, die im Einklang mit der Natur lebten und teilweise heute noch oder schon wieder leben. Denn es ist die Tradition der Erde.

1. Der Kreis

Am Anfang war der Kreis ..., doch niemand kann sagen, wo bei einem Kreis der Anfang ist. Der heilige Kreis der Indianer und anderer Naturvölker ist das Ursymbol des Lebens, das sich immer weiterträgt, sich erneuert, der ewige Kreislauf von Leben, Tod und Wiedergeburt, eines der ältesten Symbole der Menschen überhaupt. Der von der Natur vorgegebene Rhythmus entspricht einem spiralförmigen Wachstum. Dinge und Wesen entstehen, blühen auf, reifen und sterben schließlich wieder ab. Durch das organische Wachstum bleibt ein fließendes Gleichgewicht erhalten, das die „zivilisierten" Menschen mit ihrer linearen Weltsicht zerstören. Alles muss immer mehr werden, ins Unendliche wachsen. Dieses sogenannte exponentiale Wachstum geschieht erst langsam, fast unmerklich, nimmt aber ab einem bestimmten Punkt rasant zu, wie eine Lawine, die schließlich nicht mehr aufzuhalten ist. Rüdiger Dahlke hat in seinem Buch „Woran krankt die Welt?" den Beweis geführt, dass ein lineares Denken, gekoppelt mit exponentialem Wachstum, Parallelen zum Wachstum eines Krebstumors aufweist, oder zur Ausbreitungsweise von Aids. Mit anderen Worten: so sicher, wie ein unentdeckter Krebs seinen Wirt tötet, so sicher vernichten linear-exponentiale Denk- und Verhaltensmuster das Leben auf der Erde in seiner Vielfalt und Schönheit.

Um sich wieder einzuschwingen in die natürlichen Rhythmen, braucht es wieder ein Wahrnehmen der Kreisläufe von Sonne und Mond und der Prinzipien und Themen, die zu bestimmten Zeiten herrschen. Wenn du die Natur wieder als Spiegel der inneren Prozesse sehen und mit der Energie, die sie dir zur Verfügung stellt, tanzen kannst, gesundet dein Leben auf allen Ebenen.

„Rundherum wir gehen
und reichen uns die Hände –
Leben ein Leben in Kreisen –
unsre Liebe ist stark, und das Leben ein Tanz!
Rundherum - wir gehen
und reichen uns die Hände
– Leben ein Leben in Kreisen –
unsere Liebe ist stark, und das Leben ein Tanz!“

Dieses Lied, das endlos so weitergesungen werden kann, habe ich von einer Frau auf einem Schwestern – Kreis – Treffen gelernt. Seitdem singen wir es bei jeder Gelegenheit, und besonders die Kinder lieben es. Wenn du erfahren willst, wie sich ein Leben in Kreisen anfühlt, lass dich ein auf den Kreislauf der Jahreszeiten mit ihren Themen: Geburt und Neubeginn, Fruchtbarkeit, Blüte und Reife, Opfer und Abschied, Tod und Wiedergeburt. Wenn du die acht Rituale, die Jahresfeste in diesem Sinne zelebrierst, vollzieht sich Erkenntnis und Integration auf den inneren Ebenen.

Die acht Feste, die Speichen des Jahresrades:

- **Lichtmess/Lammas:** Vollmond im Wassermann – Saat – Neubeginn – Aufstieg des Lichtes
- **Ostara/Tag Nacht Gleiche:** 21. März – Balance – Erneuerung
- **Beltane/Walpurgisnacht:** 30. April – Heilige Hochzeit – Fruchtbarkeit – Eros – Mann und Frau
- **Sommersonnenwende/Litha:** 21. Juni – Triumph des Lichtes – Abschied – Annahme des Wandels und Abstiegs

- **Schnitterfest/Lugnasad:** um den 2. August – Beginn der Ernte – Opfer
- **Mabon/Tag Nacht Gleiche:** 21. September – Ausgleich – Verantwortung
- **Samhain/Halloween:** 31. Oktober – Fest der Ahnen – Orakel – Sensibilisierung
- **Wintersonnenwende/Yul:** 21. Dezember –Wiedergeburt des Lichtes – Freude und neue Hoffnung

Das Rad des Jahres ist der Weg der Sonne (aus unserer Sicht), von ihrer Geburt am Yulfest, ihrem Wachstum bis zum Equinox, der Tagundnachtgleiche, der Heiligen Hochzeit des Sonnengottes mit der Erdgöttin zu Beltane, seinem Triumph zur Sommersonnenwende, seinem Opfer und Abstieg in die Dunkelheit, bis zu seiner Wiedergeburt, der Wintersonnenwende. Der Jahreskreis ist eine Metapher für das Mysterium von Leben und Tod, und die Erfahrung, dass sich das Leben immer wieder erneuert.

Ich habe für den Beginn eines Jahreskurses das frühe Frühjahr gewählt, da es unserem tieferen Empfinden von Anfang entspricht. Das neue Jahr hat begonnen, die Tage werden allmählich länger und um die Zeit von Lichtmess, beim ersten Vollmond im Wassermann, kannst du schon erkennen, dass die Lichtkräfte den Wachstumszyklus eröffnet haben. Über den braunen Böden liegt ein grüner Schimmer. Jetzt ist die Zeit gekommen, um die Saat für neue Projekte und Vorhaben zu legen.

Mach dich vertraut mit dem Kreislauf des Mondes. Der Mond durchläuft in einem Monat die Phasen von zunehmend bis voll und abnehmend bis unsichtbar (Schwarzmond). In dieser Zeit durchwandert er alle zwölf Tierkreiszeichen, wobei er immer zwei bis drei Tage in einem Zeichen verweilt. Die Tierkreiszeichen sind Körperregionen und Organen zugeordnet. Während der zunehmenden Phase kannst du die jeweiligen Organe und Körperzonen stärken, beispielsweise durch gute Ernährung und Pflege, und indem du deinem Körper Sachen anbietest, die aufbauend wirken. Allerdings nimmt frau dann auch leichter zu.

In der abnehmenden Phase kannst du entsprechend ausleiten, entschlacken, reinigen. Schwarzmond Energie hilft dir, Altes loszulassen oder Dinge umzuwandeln. Der Vollmond ist eine Zeit zum Feiern oder für alles, was einen hohen Energiebedarf braucht, beispielsweise das Aufladen von Amuletten oder anderen Kraftobjekten. Du musst auch nicht auswendig lernen, wann der Mond in welchem Zeichen steht und welche Mondphase wir gerade haben. In der Stadt ist es auch nicht gerade einfach, den Mond immer zu sehen, ebenso bei wolkigem Himmel. Es gibt Mondkalender, die alle wesentlichen Informationen enthalten und dir oft durch entsprechende Symbole auf einen Blick zeigen, was du wissen musst.

Der Mondzyklus entspricht auch der alten Vorstellung der dreifachen Göttin. Im zunehmenden Mond ist sie die ungebundene Jungfrau, die Amazone, wild und frei. Im Vollmond begegnet sie uns als Große Mutter, in ihrer voll erblühten, sinnlichen Weiblichkeit, in ihrer ganzen Kraft und strahlenden Schönheit. Im Vollmond zu baden, stärkt deine Intuition, Traumkraft und alle weiblichen Fähigkeiten. Der Mond nimmt ab – die Göttin entfernt sich, wird immer kleiner und nimmt dabei alles mit, was du loswerden möchtest.

Schließlich verhüllt sie sich und wird zur Alten, zur Tödin, die am Ende alles in ihre Arme aufnimmt und verwandelt. Nimm dir für jede Mondphase an einem entsprechenden Abend Zeit und tauche ein in diese Energie. Selbst wenn du den Mond nicht sehen kannst, wirst du die Stimmung wahrnehmen.

Meditation zum Schwarzmond

Lieg bequem oder sitz aufrecht und schließe die Augen. Stelle sicher, dass du nicht gestört wirst und schwinge dich auf deinen Atem ein.

Lass in dir ein Bild entstehen vom mondlosen Nachthimmel. Du bist auf einer Wiese, die Nachtluft ist angenehm mild. In der Ferne wallt ein leichter Nebel, und als er näher kommt, erblickst du eine Frauengestalt. Ihr wallendes Gewand sieht aus wie der Sternenhimmel und ihr Gesicht ist von einem Schleier verhüllt. Du spürst eine große Wärme und Güte von dieser Gestalt ausgehen. Nimm dir Zeit, diese Gefühle wirklich zu spüren, und öffne dich für die Liebe, die dir entgegenkommt. Wie einer gütigen Großmutter kannst du ihr deinen Kummer anvertrauen. Sie bietet dir an, deine Sorgen und Ängste und was du sonst noch loswerden möchtest, in ein Päckchen verschnürt, mit sich zu nehmen. Pack alles, was dich belastet, was dir Angst macht, was dich quält, in das Bündel vor dir. Übergib es ihr vertrauensvoll. Sie segnet dich mit ihrer Liebe. Bedanke dich bei ihr und kehre aus der Meditation zurück.

Meditation zum zunehmenden Neuen Mond

Lieg bequem oder sitz aufrecht und schließe die Augen. Stelle sicher, dass du nicht gestört wirst und schwinge dich auf deinen Atem ein.

Stell dir eine schöne Landschaft vor, mit blühenden Wiesen und Bäumen. Es ist die Zeit der Dämmerung, und am Himmel leuchtet die schmale Sichel des neuen Mondes. Du stehst in der hohen Frühlingswiese und atmest den Duft würziger Kräuter. Da huscht ein silbriger Schatten zwischen den Bäumen. Es ist ein schlankes Mädchen mit wehendem Haar. Sie läuft mit den Tieren des Waldes, sie tanzt zwischen den Bäumen. Sie ist die jungfräuliche Jägerin. Sie jagt Kraft und Freude, sie jagt Wissen und Erkenntnis, sie jagt Lust und Liebe. Laufe mit ihr, tanze mit ihr im Mondlicht auf der Lichtung, spiele mit den Tieren und tu alles in deiner Phantasie, wozu du Lust hast. Lass Lebenskraft und Freude in dich strömen, tanke dich auf! Wenn du genug hast, bedanke dich und kehre zurück.

Vollmond Fest

Das Jahresfest dieser Zeit ist Lichtmess oder Lammas, wie der keltische Name lautet. Es ist das Fest des aufsteigenden Lichts und des kreativen Feuers. In Skandinavien und in den keltischen Gebieten ist es heute noch Brigid/Lucia, die Lichtträgerin, die den Menschen Licht und Erneuerung bringt. Nach dem langen, dunklen Winter sehnen sich alle Geschöpfe nach dem Licht. Wenn du es bewusst herbeirufst, es bittest, dich zu erfüllen und erstrahlen zu lassen, unterstützt die Lichtkraft dich, mit frischer kreativer Energie in den neuen Wachstumszyklus zu gehen.

Zu dieser Zeit säe ich auch meine ersten Blumensamen. Und wenn Wind und Wetter die Namensschildchen fortgeweht haben, habe ich noch meine Freude beim Raten und Wiedererkennen der kleinen Pflanzen.

Ritual zu Lichtmess

Verbinde dich mit der Erde unter deinen Füßen und dem Himmel über dir. Ziehe oder visualisiere einen Lichtkreis um dich herum. Reinige dich und alle Anwesenden mit heiligem Rauch (Salbei oder Beifuß) und rufe die vier Elemente (Kräfte der vier Himmelsrichtungen) herbei. Dazu kannst du ruhig deine eigenen Worte benutzen. Das klingt viel echter als etwas Auswendiggelerntes und hat meistens mehr Kraft.

Dann lade die Göttin ein. Du kannst vielleicht rufen:
„Brigid, Leuchtende, Lichtbringerin, Erleuchtende,
komm und segne mich/uns mit deiner Gegenwart!"

Oder du singst ein Lied, das du mit Licht und Kraft verbindest. Wenn du mit Freundinnen feierst, könnt ihr Töne summen und damit die Energie verdichten, bis ein Einklang entsteht. Entzünde nun ein Feuer, eine Fackel, oder im Zimmer eine große weiße Kerze, und rufe das kreative Feuer der Göttin darauf herab. Danach kann jede ihr persönliches Licht/ihr Teelicht oder ihre Kerze an der zentralen Lichtquelle entzünden. Es ist auch schön, dabei Blumensamen mit einem Wunsch für diese neue Wachstumsperiode aufzuladen und diese später auszusäen.

Zum Schluss bedanke dich bei der Göttin und den Kräften der vier Elemente und verabschiede sie, vielleicht mit einem Lied:

„Return, return, return, return.
The earth, the water, the fire and the air"

frei nach Gila Antara. Dann öffne den Kreis und wenn ihr mehrere seid, lasst euch die mitgebrachten Sachen schmecken.

2. Rituale

Das also war ein Ritual. Rituale gibt es überall in den vielfältigsten Formen: das Feuer oder eine Kerze anzünden, eine Tasse Tee trinken und eine Katze streicheln. Der Morgenkaffee oder die Zigarette nach dem Essen sind auch Rituale, nur sehr rudimentär, und meist unbewusst. Es gibt Begrüßungs- und Abschiedsrituale.

Früher gab es Übergangsrituale, die den Menschen von einem Lebensabschnitt in den nächsten begleiteten, und ihm die neuen Aufgaben und Einstellungen dieser höheren Ebene nahe brachten. Ein Relikt davon ist die Konfirmation, die, wie fast alles Heidnisch-rituelle, von der Kirche vereinnahmt und verändert wurde. Heute finden allerdings Natur und Spiritualität schon wieder mehr Eingang, beispielsweise in die Konfirmandenfreizeiten.

Ein magisches Ritual kann vollkommen individuell gestaltet sein, und dennoch genauso kraftvoll wie wirksam. Es kommt nur darauf an, wieviel Vorbereitung, Aufmerksamkeit und Gefühl du hineingibst. Allerdings gibt es eine Struktur, die dir, besonders am Anfang, hilft, dich zurechtzufinden.

Struktur des Magischen Kreises

- **Erstes Segment: Kreis aufbauen** • Erdung • Reinigung (meist mit Räucherwerk) • Rufen der vier Elemente
- **Zweites Segment: Kern** • beabsichtigter Inhalt des Rituals
- **Drittes Segment: Kreis lösen** • Dank und Verabschiedung der Energien und Elemente

Mit diesem Schema kannst du Rituale zusammenstellen, entsprechend deiner Absicht und mit den passenden Analogien (Mondphase, Planeten), mit deren Hilfe du weitere Zutaten ermitteln kannst. Beginne immer mit einer Übung, die Erdung genannt wird. Damit verbindest du dich in deiner Vorstellung mit den Kräften der Erde.

Erdung und Schutz sind die beiden Schlüssel, die dir ein gesundes Fundament in der Arbeit mit Energien erschließen. Ohne Erdung und Schutz bist du ein Spielball von Kräften, die du nicht kennst, und es hängt von deinem Karma ab, wie die Sache ausgeht. Durch die Erdung, die du auch ohne Ritual immer dann machen kannst, wenn du Kraft und Schutz brauchst, erneuerst du die Nabelschnur zur Erde und stehst wie ein Kind unter dem Schutz der Mutter. Gleichzeitig verwurzelst du dich wie ein Baum im Boden und hast einen festen Anker: „Ohne Wurzeln – keine Flügel“ ist eine alte Schamanen Weisheit. Im Alltag erdest du dich durch Tanz, Sport oder Trommeln, und wenn du dich so viel wie möglich im Park oder Stadtwald bewegst. Manchmal reicht es auch, nur einen Stein in die Hand zu nehmen, an einen Baum zu denken, oder im Garten bei den Pflanzen zu sein.

Erdung – Beispiele

Variante A wenn du viel Energie und Wärme brauchst:

Steh locker in den Knien, die Wirbelsäule gerade, das Becken leicht nach vorn gekippt. Spüre den Boden unter deinen Füssen, lass deinen Atem gleichmäßig und natürlich fließen. Stell dir vor, aus den Fußsohlen wachsen Wurzeln durch den Fußboden, selbst durch die Stockwerke eines größeren Hauses, die Tiefgarage ... in die Erde hinein. Alles geschieht leicht und ohne Anstrengung. Die Wurzeln wachsen mit jedem Ausatmen tiefer, durch verschiedene Erdschichten hindurch, an Wasseradern entlang, ... lass deiner Phantasie freien Lauf ... dem Mittelpunkt der Erde entgegen.

Im Erdmittelpunkt befindet sich Magma, das Erdenfeuer. Reise in deiner Vorstellung hinab in die Erde. Gleite durch die verschiedenen Erdschichten mit Sand und Lehmboden, durch Felsen und Hohlräume hindurch, bis du das Erdenfeuer wahrnehmen kannst, vielleicht auch die Glut spürst. Nähere dich dem Erdenfeuer auf eine Distanz, die dir angenehm ist. Stell dir vor, alles Belastende, Schwere und Schmerzhafte fließt mit dem Atem als dunkler Rauch ins Erdenfeuer. Schau zu, wie der dunkle Rauch zu weißer Asche verbrennt.

Dann verbinde dich über den Atem mit der Kraft des Erdenfeuers, und atme sie langsam zu dir hinauf. Beobachte, wie sie als orange-rotgoldene Lichtsäule aufsteigt, durch die verschiedenen Erdschichten wieder hinauf, bis sie in deine Fußsohlen eintritt. Lass sie aufsteigen durch die Beine, in den Rumpf, die Wirbelsäule hinauf bis zu den Schultern, über die Arme bis in die Hände, durch die Kehle bis in den Kopf. Wenn du ganz angefüllt bist mit dieser Energie, so dass du wahrnehmen kannst, wie dein ganzer Körper leuchtet, lass sie aus dem Scheitel austreten und we-

be ein Netz aus leuchtenden Lichtfäden um dich herum. Webe es dichter mit jedem Ausatmen, bis du das Gefühl hast, du stehst in einem leuchtenden Kokon, der dich sicher schützt vor allem, was du nicht eingeladen hast. Gib die überschüssige Energie durch die Handflächen der Erde zurück, sonst kann es sein, dass du vielleicht nicht einschlafen kannst vor lauter Power.

Variante B

Steh locker in den Knien, die Wirbelsäule gerade, das Becken leicht nach vorn gekippt. Spüre den Boden unter deinen Füßen, lass deinen Atem gleichmäßig und natürlich fließen. Stell dir vor, aus den Fußsohlen wachsen Wurzeln durch den Fußboden, selbst durch die Stockwerke eines größeren Hauses, die Tiefgarage ... in die Erde hinein. Alles geschieht leicht und ohne Anstrengung. Die Wurzeln wachsen mit jedem Ausatmen tiefer, durch verschiedene Erdschichten hindurch, an Wasseradern entlang, ... lass deiner Phantasie freien Lauf ... dem Mittelpunkt der Erde entgegen.

Statt zum Erdenfeuer gehst du mit deiner Vorstellung zum Erdenkristall, der sich ebenfalls in der Erdmitte befindet. Visualisiere ihn als mächtigen Kristall von großer Reinheit und Klarheit. Er ist ein Kraftgenerator, um den du deine Wurzeln fest herumschlingen kannst. Diese Variante eignet sich gut, wenn du Trancen übst. Auch aus dem Erdenkristall kannst du Energie nach oben ziehen. Sie ist weicher, milder und kühler als die Kraft des Erdenfeuers. Visualisiere sie als silbrig leuchtend.

Auch sie ist geeignet, dich zu schützen. Probier aus, was dir besser gefällt, oder entscheide nach Bedarf, welche Art der Erdung im Moment passend ist.

Am Anfang ist es hilfreich, wenn du dir diese Übungen

auf Band sprichst. Nach einer Weile werden sie dir vertraut sein, und du kannst sie nach deinem Bedarf kürzen oder ausdehnen. Schließe nach jeder Meditation deine Chakren und besonders das Wurzelchakra.

Reinigung mit Räucherwerk

Der heilige Rauch war immer schon in allen Teilen der Erde ein Mittel, sich selbst und alle Dinge von schlechten Schwingungen zu reinigen. Ob weißer Salbei, Beifuß oder Weihrauchharz, allen wohnt diese Fähigkeit inne. Im duftenden Rauch löst sich alles auf, was nicht wirklich zu dir gehört, selbst Ärger oder heftige Gefühle beruhigen sich. Es ist gut, alle Arten von störenden Gefühlen aufzulösen, bevor du dich ins Ritual begibst. Mit Rauch werden Geister besänftigt oder gerufen.

Einmal sah ich von meinem Dachgarten eine riesige, schwarze Wolke wie einen schwarzen Mantel von Westen heranstürmen. Ich war so beeindruckt von diesem Schauspiel, dass ich Räucherstäbchen anzündete und die Sturmgeister begrüßte. Sie müssen das für eine Einladung zur Party aufgefasst haben, denn kaum fünf Minuten später ging ein Hagelsturm ums Haus, der zehn Zentimeter hoch Hagelkörner und einige Verwüstung hinterließ. Daraus habe ich gelernt, die Sturmgeister zwar mit Achtung und Geschenken zu begrüßen, sie aber gleichzeitig zu bitten, sich einen anderen Tanzplatz auszusuchen. Bisher wurde mein Garten verschont. Wohlduftende Kräuter, Blüten oder Hölzer sind Geschenke an die Geisterwelt und erfreuen die Kräfte der Elemente und Helferwesen.

Reinigung mit Salzwasser

Dem Meerwasser oder Salzwasser werden ebenfalls seit Menschengedenken reinigende und heilende Eigenschaften zugeschrieben. Der Ozean ist unser Urelement, weil alles Leben dort entstanden ist. Im Meer zu baden ist Heilung. Aber auch zu Hause in der Badewanne kannst du in den Genuss der heilenden und reinigenden Wirkung des Salzwassers kommen. Nimm Stein- oder Meersalz für diese Anwendungen, auch für die spirituellen Bäder, auf die ich später noch zu sprechen komme. Geweihtes Wasser für die rituelle Reinigung zu bekommen ist einfach. Vermische drei Prisen Salz mit Wasser, sprich segnende Worte darüber:

„Ich grüße und ehre dich, Element Wasser“,

beispielsweise und besprenge damit dich, und alles, was du reinigen willst. Du kannst genauso eigene Worte, wie formelle Gebete oder Sprüche dazu verwenden.

Das Weihwasser der Kirche ist ebenfalls Salzwasser, das durch Gebetsformeln aufgeladen wurde.

Rufen der Elemente

Die vier Elemente Feuer, Wasser, Erde und Luft bilden die Bausteine alles Materiellen. Zusammen mit dem fünften Element, Geist, dem göttlichen Funken, oder dem Bewusstsein, formen sie die Körper der Lebewesen. Die Luft, unser Lebensatem, verbindet uns mit Allem, was auch atmet. Das Feuerelement steuert den Stoffwechsel und die Körpertemperatur. Durch Elektrizität arbeiten die Nerven und in der Schaltzentrale Gehirn entstehen kreative Funken (Geistesblitze). Unser Körper besteht bis zu achtzig

Prozent aus Wasser: Zellwasser und Blut. Das Erdelement ist durch Salz und Mineralien vertreten - Knochen und Gewebe. Was könnte uns näher sein als die vier Elemente? Durch das Rufen, Be-greifen und Erfühlen der Eigenschaften und Analogien der Elemente wirst du vertraut mit ihnen.

Wenn du sie in deinen Kreis rufst, hast du vier Wächter in den vier Himmelsrichtungen. Du stehst in der Mitte des Kreises und kannst dich öffnen für die Kräfte, die du rufen willst. Du bist dann geschützt vor allem, was dir schaden könnte, sofern du es nicht selbst einlädst. Jetzt ist der Kreis geschlossen und sicher, aber wenn es sich für dich besser anfühlt, auch noch einen Salzkreis zu streuen, kannst du das tun. Rufe und benenne die Elemente mit ihren Eigenschaften und Attributen. In unserem keltisch – germanischen System beginnen wir im Osten/Element Luft und rufen nacheinander Süden/Feuer, Westen/Wasser und Norden/Erde.

Beispiel Anrufung Osten

Mächte der Luft, Kräfte des aufsteigenden Lichtes,
Sylphen und alle Bewohner des Luftelements,
ich rufe Euch!
Ich lade Euch ein zu meinem/unserem Ritual.
Kommt zu mir/uns mit Euren Energien des Neubeginns,
mit Eurer Leichtigkeit und Frische.
Schützt den Kreis und schenkt mir/uns von Eurer Kraft,
damit das, was nun beginnt, gelingen kann.

Es ist wichtig, zu überlegen, wen und was du rufen willst. Natürlich sind die Elemente eindrucksvoll in ihrer Ekstase, aber kannst du das aushalten? Eine Frau rief bei einem Ritual den tosenden Sturm. Der hat uns dann in unserer Grillhütte die Asche und den Rauch um die Ohren gepfiffen, dass uns die Augen tränten! Dem Feuerelement habe ich mich persönlich erst einmal langsam, mit Respekt genähert, und nicht gleich Pele, die polynesische Vulkangöttin, gerufen.

Analogieketten

Osten – Luft: Klarheit • Neubeginn • Leichtigkeit • Frische • Inspiration • Adler • Sylphen (Elementargeister der Luft) • Feder • Rauch • Wind • Flöte • Atem • Lied ...

Süden – Feuer: Lebensfreude • Leidenschaft • Kreativität • Wille • Transformation • Salamander (Elementarwesen des Feuers) • Löwe • Kerzenflamme • Tanz • Ekstase ...

Westen – Wasser: Gefühle • Intuition • Träume • Tiefe • Unbewusstes • Nixen und Wassergeister • Delphin • Vision ...

Norden – Erde: Materie • Festigkeit • Weisheit • Nährendes • Durchhaltevermögen • Struktur • Zwerge und Erdgeister • Steine • Tiere der Erde • Knochen • Wurzeln ...

Auf der nächsten Seite gibt es eine Tabelle mit den Analogien und Affinitäten der Elemente.

Osten Luft	**Süden - Feuer**	**Westen - Wasser**	**Norden - Erde**	
weiß	rot	blau / meergrün	grün / braun	**Farbe / Kerze**
klärend	transformierend	reinigend	stärkend	**Eigenschaften**
mental ätherisch	materiell flammend	emotional wässrig	materiell fest	**Energien**
Sylphen & Elfen	Salamander	Nymphen & Nixen	Zwerge & Waldwesen	**Naturgeister**
Messer	Stab	Kelch	Spirale / Pentagramm	**mag.Werkzeuge**
Feder	Kerze	Muschel	Steine / Kristalle	**Symbole**
Räucherwerk	Feuer	Wasserschale	Salz	**Symbole**
Neubeginn	Höhepunkt	Niedergang	Verwandlung	**Qualität**
Morgen	Mittag	Abend	Mitternacht	**Zeit**
Neumond	Vollmond	Mond Abnehmend	Schwarzmond	**Mondphasen**
Klares Denken	Lebensfreude, Kraft	Intuition, Täume	Durchhaltevermögen	**Geschenk**

Ritualkern

Überlege dir vorher gut den Zweck deines Rituals und welche Kräfte du rufen willst. Sei bedacht mit Wünschen und Zaubern, denn sie könnten in Erfüllung gehen! Unwissenheit schützt vor den Folgen nicht. Spiele vorher im Geist die möglichen Konsequenzen durch. Auf der sicheren Seite bist du, wenn deine Anliegen die Kontaktaufnahme und Versöhnung mit den Kräften der Natur sind, um dich in deinem Seelenwachstum zu deinem höchsten Wohl zu unterstützen. Denke an das Ganze und frage dich, ob es ihm dient.

Rufe nun die Energie, die Göttin oder das morphogenetische Feld in den Kreis hinein, entsprechend dem Inhalt und der Absicht des Rituals. Es kommt nicht darauf an, einen vorgeschriebenen Ritus abzuhalten, sondern mit den gerufenen Wesenheiten und Energien zu kommunizieren. Das geht wunderbar auf der Gefühlsebene oder durch kreative Phantasie, Gesang und Tanz. Hier kann sich dein Inneres Kind entfalten. Es ist vertraut mit der Magie. Wenn du dein Anliegen vollendet hast, stell dir vor, wie die Kraft aller anwesenden Energien in das magische Werk fließt. Besiegle es durch eine Bekräftigung, zum Beispiel: „So soll es sein!“, oder „So sei es!“

Anregungen zur Gestaltung deiner eigenen Rituale bekommst du durch Beispiele in diesem Buch, die aber von dir beliebig verändert werden können. Wenn die Analogien passen und du mit dem Gefühl dabei bist, erreichst du deine Ziele auch mit selbst verfassten Anrufungen und Sprüchen. Vielleicht ist dir aufgefallen, dass Zaubersprüche sich meist reimen. Das scheinen Geister zu mögen. Unsere Kinderreime sind häufig verfremdete Überbleibsel alter Rituallieder und Sprüche. Eigene Zaubersprüche zu kreieren, macht großen Spaß! Achte darauf, dass alles positiv formuliert ist. Es darf auch ruhig lustig sein. Luisa Francia sagt, dass Geister Humor sehr schätzen.

Den Kreis lösen

Es ist ein Zeichen von Respekt, sich bei den Energien zu bedanken und sie zu verabschieden. Du kannst das ganz persönlich und mit eigenen Worten tun. Für das „Schlusswort“ benutze ich manchmal, wenn wir eine große Runde sind, eine Formel:

„Friede sei zwischen uns – immerdar –
segnet uns bevor Ihr geht und seid gesegnet.
Der Kreis ist offen, doch ungebrochen,
in Frieden sind wir gekommen,
und so werden wir wiederkehren,
die Liebe der Göttin im Herzen.“

Meditationen zu den Elementen

Kontaktaufnahme mit dem Element Luft

Wende dich (wenn auch nur innerlich) nach Osten, wo die Sonne aufgeht. Stell dir die Klarheit eines schönen Morgens vor. Atme den Duft der würzigen Wiesen und höre das Vogelkonzert zum Beginn des neuen Tages. Lass dich von milden, sanften Lüften umspielen, atme die Frische des neuen Tages, seine unbegrenzten Möglichkeiten. Öffne dich für Wunder – wie kannst du wissen, was der Tag dir bringen mag? Schmücke das Bild in deiner Vorstellung ganz individuell aus, und übe mit vorgestellten Sinneswahrnehmungen, Riechen, Schmecken und Fühlen.

Kontaktaufnahme mit dem Element Feuer

Stell dir vor, du sitzt an einem schönen Lagerfeuer und schaust dem faszinierenden Spiel der tanzenden Flammen zu. Spüre die Wärme und das Licht dieses Feuers. Werde weich und geschmeidig. Werde selbst zu einer tanzenden Flamme. Wenn du Schwierigkeiten mit diesem Bild hast, bleibe bei dem ersten Bild und schau einfach in die Flammen.

Es gibt einige Menschen, die unaufgelöste Traumata mit dem Feuer verbinden, und starke Reaktionen auf solche Vorstellungen bekommen. Das wäre ein Hinweis, mit dieser Thematik intensiver zu arbeiten.

Kontaktaufnahme mit dem Element Wasser

Visualisiere dich an einem schönen Sandstrand im Abendrot. Das Wasser ist noch ganz warm von der Hitze des Tages und du gehst langsam, so wie es dir beliebt, ins Meer hinein. Wenn es tief genug ist, lass dich auf dem Wasser treiben, schwerelos. Vielleicht kommt ein Delphin zu dir und du darfst mit ihm schwimmen. Wenn du kühn bist, lass dich von ihm weit hinaustragen und genieße es, in diesem Element zu sein.

Du merkst sicher, dass mir diese Übung sehr vertaut ist. Wasser ist mein Element.

Kontaktaufnahme mit dem Element Erde

Lege dich auf den Boden und spüre die Erdenschwere, die Gravitation, und lass dich langsam einsinken. Achte auf deine Gefühle. Dann stell dir vor, du bist ein Samenkorn, das einen langen Winterschlaf gehalten hat und nun erwacht. Die Hülle platzt auf und der Sämling beginnt sich durch den Boden an die Oberfläche zu drängen, wird kräftiger, wächst dem Licht entgegen und wird zu einem schönen Baum. Genieße die Vorstellung, dein Lieblingsbaum zu sein.

Wenn du bei diesen Übungen spürst, dass du mit einem oder mehreren Elementen Schwierigkeiten hast, ist das ein Hinweis darauf, im täglichen Leben vertrauter mit ihnen zu werden.

Es ist wichtig, dass du dir die geistige Freiheit gestattest, deinen eigenen Zugang zu den Elementen zu finden. Fertige Rezepte und von anderen erdachte Anrufungen sind nur bedingt nützlich. Je eher du dich davon befreist, umso sicherer wirst du darin, deine eigenen Worte, Bilder und Gefühle in eine Meditation oder ein Ritual einzubringen. Die Tabelle ist nur ein Hilfsmittel, damit du dich orientieren kannst, und bei weitem nicht vollständig. Füge deine eigenen Assoziationen hinzu und experimentiere. Letztendlich willst du dich einmal auf deine Intuition voll verlassen können, und sei sicher, wenn du dich der kosmischen Intelligenz öffnest, kommt die Erinnerung, das alte Wissen, auch langsam zurück. Es ist in deinen Zellen gespeichert.

Signaturen

Sonne

Merkmale

Licht

Lebenskraft

Groß, stark, leuchtend

sonnig, gelb

Einfluss / Affinität

Erfolg

Macht, Freude

Heilung

Entsprechnung körperlich

Herz

Räucherwerk

Olibanum

Copal

Ätherische Öle

Orange

Bergamotte

Rosmarin

Symbol

Sonnenblume

Johanniskraut

Pflanze *

Gänseblümchen

---

* in dieser Rubrik findest du die eher unbekannten, oder auch als Unkraut verschrieenen Zauberpflanzen.

Mond

Merkmale

Weibliches Wissen
Mutterschaft
wuchernd, weich, saftig
wässrig, weiß

Einfluß / Affinität

Weibliche Zyklen
Fruchtbarkeit
mediale Fähigkeiten

Entsprechnung körperlich

Bauch, weibliche Brust

Räucherwerk

Kampfer
Lorbeer

Ätherische Öle

Myrte
Jasmin
Eukalyptus

Symbol

Lotus
Wasserpflanzen

Pflanze

Frauenmantel
Vogelmiere

Merkur

Merkmale

- Kommunikation
- Intellekt
- hochwachsend
- schnellwachsend, kletternd

Einfluß / Affinität

- Informationsverarbeitung
- Täuschung
- Planung, Berechnung

Entsprechnung körperlich

- Lunge, Bronchien (Zwillinge)
- Darm (Jungfrau)

Räucherwerk

- Storax
- Sandelholz

Ätherische Öle

- Lavendel
- Majoran
- Minze

Symbol

- Lavendel

Pflanze

- Baldrian

Venus

Merkmale

Weibliche Kraft
lieblich
duftend
farbig

Einfluß / Affinität

Eigentum, Harmonie
Liebe
Vergnügen

Entsprechung körperlich

Geschmackssinn (Stier)
Niere (Waage)

Räucherwerk

Süßgras
Rosenblätter

Ätherische Öle

Rose, Verbena
Ylang Ylang

Symbol

Rose
Veilchen

Pflanze

Beifuß

Mars

Merkmale

Männliche Energie
spitz, scharf
schneidend
brennend, rot

Einfluß / Affinität

Wille
Durchsetzung
Konflikt, Zorn

Entsprechnung körperlich

Kopf
Entzündung

Räucherwerk

Drachenblut
Pinienharz

Ätherische Öle

Pfeffer, Estragon
Ingwer

Symbol

Knoblauch
Asafödita

Pflanze

Brennnessel

Jupiter

Merkmale

Spirituelle Führerschaft

Reife

süß, ölhaltig, nährend

safrangelb

Einfluß / Affinität

Religion

Berufung

Wohlstand

Entsprechung körperlich

Leber, Galle

Blutgefäße

Räucherwerk

Muskatnuss

Ysop

Ätherische Öle

Salbei, Zeder

Borretsch

Symbol

Olive

Nuss

Pflanze

Nüsse, Ölbaum

Saturn

Merkmale

Struktur, Tradition
starr, schwer
hart, erdend
dunkel, schwarz

Einfluß / Affinität

Weisheit, Alter
Beständigkeit

Entsprechung körperlich

Haut, Haare, Knochen
Nägel

Räucherwerk

Myrrhe
Zypresse

Ätherische Öle

Thymian, Patchouli
Pinie

Symbol

Fels
Beifuß, Bilsenkraut

Pflanze

Sequoia (Mammutbaum)

Wie auch immer Pflanzen in unserem Kulturbereich eingesetzt wurden, die Beachtung ihrer "Planetensignatur", der astrologischen Zuordnung, war von elementarer Bedeutung, sowohl in der medizinischen als auch in der magischen Verwendung. Dabei waren Aussehen und Farbe, Wassergehalt und Größe, Duft und Wirkung die Ordnungskriterien.

Oft wurden allerdings bei der Pflanze die Signaturen verschiedener Planeten festgestellt, auch in verschiedenen Teilen der Pflanze, und je nach Auffassung und Focus mehreren Planeten zugeordnet. Laß dich davon nicht verwirren. In so einem Fall solltest du dich von deiner Intuition und Neigung leiten lassen.

3. Balance

Der Winter ist vorbei und wir müssen uns mit frischer Energie aufladen und regenerieren. Im Frühling erwacht nicht nur die äußere Natur zu neuem Leben. Auch im Körper finden auf Grund der veränderten Lichtverhältnisse andere Prozesse statt und wir müssen uns dem neuen Rhythmus von Licht und Dunkel anpassen. Das Thema dieser Zeit ist: In Balance kommen.

Der Frühlingspunkt am 21. März liegt auf dem Jahresfest der Tagundnachtgleiche. Dunkelheit und Licht sind im Gleichgewicht und diese Zeitqualität kann uns unterstützen, auch selbst wieder zu einer Balance, einer inneren Harmonie, zu finden. Vor allem aber ist es auch das Fest der Frühlingsgöttin Ostara (Ostern!), die in der Gestalt eines jungen Mädchens über die blühenden Wiesen geht, umgeben von ihren heiligen Tieren, den Hasen. Hasen und auch die beliebten Ostereier symbolisieren die Fruchtbarkeit des Frühlings. Es ist manchmal schon witzig zu sehen, wie „christliche" Feste nur so von „heidnischer" Symbolik strotzen. Die christlichen Missionare hatten nicht die Überzeugungskraft, unsere Vorfahren ganz von ihren heiligen Bräuchen abzubringen, deshalb legten sie ihre wichtigsten Feste Christi Geburt und Auferstehung auf Weihnachten/Yul, die Wintersonnenwende, die Wiedergeburt der Sonne, und Ostern/Ostara, das Wiedererwachen des Lebens. Im Fest der Ostara feiern wir die erwachende Natur und die Rückkehr der Wärme und des Lichtes.

Im Ritual kannst du überprüfen, welche Energie, welches Element du brauchst, um wieder in Balance zu kommen. Plagt dich die Frühjahrsmüdigkeit, kann Feuer dir neue Vitalität schenken. Luft bringt dir den frischen Wind. Hast du dich festgefahren, kann Wasser alles wieder zum Fließen bringen. Erfühle, was dir fehlt, und verbinde dich wieder neu.

In der Zeit nach dem Fest solltest du den Kontakt mit den Elementen weiter pflegen. Fehlt dir Luft, geh viel spazieren und lass dir den frischen Wind um die Nase wehen. Ist es Wasser, was du brauchst, kleide dich in den Meeresfarben, geh schwimmen oder setze dich an einen Fluss. Wenn du Feuer brauchst, geh tanzen und flirten, koch dir pikant-scharfes Essen, sei erfinderisch. Die Erde schenkt dir ihre Kraft durch jede Art körperlicher Tätigkeit, am besten natürlich im Garten, oder mit den Geschöpfen der Erde, aber auch die Beschäftigung mit Edelsteinen ist dafür geeignet. Wer gern barfuß läuft, kann sich die Energien direkt aus der Erde holen und entgiftet auch noch durch die Fußsohlen. Besonders wirkungsvoll ist das früh morgens, wenn der Tau noch auf den Wiesen liegt.

Bei der Beschäftigung mit den Elementen kannst du auch schon anfangen, dich in die Symbolik der magischen Geräte, der Verbündeten einer Hexe, einzustimmen. Lass dir Zeit bei der Auswahl und bedenke, dass es weniger der Gegenstand selbst ist, als die Energie, die du hineinwebst, die ihn zu einem magischen Werkzeug macht.

Die magischen Werkzeuge

Das Messer gehört zum Luftelement. Da Luft den Geist, Intellekt und die Kraft des klaren Denkens symbolisiert, repräsentiert das Messer die Fähigkeit, Entscheidungen zu treffen, Grenzen zu setzen, Linien zu ziehen (beispielsweise den magischen Kreis) und zu trennen. Die Einsatzmöglichkeiten des Messers reichen von rituellen, symbolischen Handlungen bis zum praktischen Gebrauch in der „Küchenmagie“. Letztlich soll das Messer dich daran erinnern, dass du die Macht über deine Gedanken und Entscheidungen hast und auch die Verantwortung dafür trägst. Bei der Auswahl des Messers achte nicht nur auf die Optik, sondern auch darauf, ob es gut zu handhaben ist. Ein Holzgriff wäre gut, weil du dann noch eigene Symbole und Schutzrunen, wie Algiz (Schützende Mächte), Berkana (Schutz der Muttergöttin auf Menschen, Gegenstände und Orte) und Wunjo (Freude und glücklicher Ausgang) hineinritzen kannst, die verhindern, dass du dich oder andere damit verletzt.

Der Stab ist das Werkzeug des Feuerelements und symbolisiert den magischen Willen und deine Fähigkeit, Ideen in die Tat umzusetzen. Also, setze dich zunächst erst einmal mit deinem Willen auseinander. Ist er überhaupt entwickelt, oder lässt du dich von allem und jedem beeinflussen? Ist er extrem ausgeprägt und überwiegend egoistisch? Dann denke einmal über die möglichen Konsequenzen nach, oder schau dir dein Leben als Spiegel deines Karmas an. Läufst du immer wieder gegen Wände? Vielleicht möchte dir das Leben etwas mitteilen? Die höchste Form des Willens ist, ihn unter den Willen der Quelle allen Seins unterzuordnen (Dein Wille geschehe!), denn dann bewegst du dich auf dem Lichtpfad, den die weiße Magie anstrebt, und wirst unterstützt vom ganzen Universum.

Deinen Stab kannst du dir selbst suchen und schneiden, am besten bei Vollmond und von einem Haselnuss – oder Weidenbaum. Denke daran, die Bäume vorher um Erlaubnis zu bitten und auch eine Gegengabe bereitzuhalten. Das kann Tabak sein, so machen es die nordamerikanischen Indianer, ein Lied, oder was immer dir geeignet erscheint. Du kannst den Stab entrinden, verzieren mit Bändern, Kristallen, oder ihn so lassen, wie er ist.

Der Kelch ist das Symbol des Wasserelements. Er repräsentiert den Gral, das heilige Gefäß des Emotionalkörpers. Auf unserem Lebensweg sollten wir danach streben, uns zu verfeinern, zu läutern, um uns schließlich aus der Verstrickung in die Materie zu befreien. Wasser hilft uns dabei. Wasser reinigt, wäscht ab, klärt und spült dich rein von allem, was du loswerden willst, nicht nur von materiellem Schmutz. Besonders gut hilft es bei klebrigen Gefühlen, wie Selbstmitleid. Der Kelch kann aus jedem beliebigen Material sein. Wichtig ist, er gefällt dir und du kannst auch daraus trinken. Je nach Ritual enthält er Salzwasser oder Wein.

Die Lektion des Kelches ist: Du kannst nur in ein leeres Gefäß etwas hineingeben. Also, sei immer bereit, Dinge, Gefühle, Erlebnisse wieder loszulassen. Das Wasser zeigt dir, dass alles fließen muss, um frisch und gesund zu sein. Der Kelch symbolisiert auch die überfließende Nahrungsquelle der Großen Mutter. Mach dir bewusst, wie sie dich nährt und erweitere deine Fähigkeit, andere zu nähren. Erlaube dir, tief in die Tiefe deiner Gefühle einzutauchen, sie zu ergründen und mit den Perlen (Erkenntnissen) wieder an die Oberfläche zu kommen.

Als **Symbol der Erde** wird in fast allen Hexen- und Magiebüchern das Pentagramm (fünfzackiger Stern) genannt. Ich bin den letzten Jahren davon abgekommen, mit dem Pentagramm zu arbeiten, denn eigene Erfahrungen und die Erlebnisse anderer haben mir bestätigt, dass das Pentagramm kein freies, unbelastetes Symbol mehr ist. Durch seine Umkehrung (mit der Spitze nach unten) wurde es als satanisches Symbol vereinnahmt. Außerdem wirkt es wie ein Dimensionsfenster, durch das alles hereinkommen kann, wenn du nicht ganz wach oder noch unwissend bist.

Ich bin dazu übergegangen, die Spirale als Symbol für das Erdelement zu benutzen. Meines Wissens ist sie bisher noch nicht schwarzmagisch missbraucht worden. Für mich steht die Spirale als Symbol für die Evolution der Seele aus den dichten Schwingungen der Materie zum feinstofflichen Lichtkörper hin. Jetzt, in dieser Zeit, wo die Erde als planetares Wesen den Aufstieg in die fünfte Dimension schon begonnen hat, erscheint mir die Spirale als Symbol für das Erdelement passend.

Du kannst die Spirale in eine Holzscheibe ritzen oder auch in einen Handteller großen Speckstein, den du vorher abrunden und polieren kannst. Speckstein ist sehr weich und lässt sich gut mit Küchenmesser und Sandpapier bearbeiten. Du kannst ihn dir in jedem größeren Bastelgeschäft besorgen. In meinen Gruppen malen die Frauen oft die Spirale mit goldener Tinte aus, was wunderschön aussieht. Dieses „Werkzeug" dient dazu, dich zu erinnern, dass dein materieller Körper von der Erde kommt, dass sie deine irdische Mutter ist, und dass dein Körper sich wieder in die Elemente von Mutter Erde auflösen wird, wenn du ihn ablegst.

4. Selbstheilung

Der Frühling ist eine wunderbare Zeit, um, im Einklang mit den Gezeiten der Energien, die Wachstumskräfte der Natur für die Selbstheilung zu nutzen. Wenn du barfuß durch den Tau läufst, gibst du durch die Fußsohlen Giftstoffe ab und nimmst magnetische Ströme der Erde in dich auf. Die Augen können sich kaum satt sehen, denn das frische Grün der jungen Blätter ist eine Heilfarbe. Die kraftvolleren Sonnenstrahlen regen die Vitaminbildung in den Hautschichten an.

Die Fähigkeit zur Selbstheilung ist in uns allen angelegt, aber die meisten Menschen sind sich darüber nicht bewusst und übergeben die Verantwortung für ihre Gesundheit an Ärzte, die Symptome bekämpfen, und von den Ursachen einer Krankheit oft weniger wissen als jemand, der sich intensiv mit seinem Körper und seinen Gefühlen befasst. Ich machte schon früh so schlechte Erfahrungen mit Ärzten, dass ich nur hinging, wenn es sich nicht vermeiden ließ. Mit siebzehn Jahren wurde ich aus einem Auto auf die Straße geschleudert. Ergebnis: angebrochener Halswirbel. Der behandelnde Arzt meinte, ich müsse mich auf lebenslange Kopf- und Rückenschmerzen einstellen, die ich wahrscheinlich davon zurückbehalten würde. Empört weigerte ich mich, diese „Prophezeiung“ anzunehmen und stellte mich unbewusst auf schnelle, völlige Heilung ein. Es traten niemals Nachfolgeschmerzen aus diesem Unfall auf. Zufall?

Vor einigen Jahren bekam ich extrem starke Bauchkrämpfe und musste ins Krankenhaus mit Verdacht auf Endometriose. Kein Arzt konnte mir erklären, wodurch die Krankheit verursacht wurde. Ich begann zu forschen und las alles, was ich zu diesem Thema finden konnte. Als ich wieder eine Schmerzattacke hatte, reiste ich auf den

Wellen der wehenartigen Krämpfe in meinen Bauch. Dort wüteten mir schreckliche Furien entgegen, rasende, zornige Göttinnen mit rollenden Augen und herausgestreckter Zunge.

„In Ordnung, ich verstehe, ihr seid böse auf mich, aber warum, was ist der Grund?“ Ich flehte um eine Erklärung und verstand schließlich, dass es ein Teil meiner Weiblichkeit war, abgespalten, lange verdrängt und eingesperrt, der jetzt in meinem Bauch tobte. Die wilde Frau in meinem Inneren schrie nach Befreiung!

Nach und nach deckte ich, mit Hilfe von spirituellen Begleiterinnen, die Ursachen auf, die zu den Myomen und Schmerzen geführt hatten. Durch Bauchtanz und die Beschäftigung mit den tieferen Schichten meiner Weiblichkeit in Trancearbeit wurden die alten Blockaden Schritt für Schritt abgebaut, und ich erreichte in vier Jahren fast völlige Schmerzfreiheit vor und während der Menstruation, und die fürchterlichen Krämpfe sind nicht mehr aufgetaucht.

Selbstheilung muss aber nicht immer so spektakulär verlaufen. Sanfter geht es, indem du dem Körper und der Seele immer wieder in regelmäßigen Abständen, Zeit und Bedingungen zur Entspannung, Entgiftung und Regeneration zugestehst. Die moderne Lebensart hat extreme Auswirkungen auf Gesundheit und Wohlbefinden der Menschen. Elektrosmog und Mikrowellen nagen am Immunsystem. Ungeliebte Arbeit, mit der man sich nicht identifizieren kann, Beziehungsfrust und Verstrickung in diversen Verpflichtungen rauben uns viel Lebenskraft. Auch wenn jemand alles kontrollieren oder für alle jederzeit da sein will, muss er mehr Energie investieren, als es das Resultat rechtfertigt. Also leben die meisten sowieso schon mit verminderter Energie und befinden sich spirituell gesehen in einem tiefen Schlaf. Dazu kommt die Ablenkung und Betäubung durch Konsum, Fernsehen und legale oder illegale Drogen. Diese Lebensweise liefert den Nährboden für körperliche und psychische Krankheiten. Eine Krankheit entsteht zuerst im Geist, durch eine disharmonische Einstellung, und zeigt sich nach vergeblichen Versuchen der Seele, Gehör zu finden, irgendwann im Körper oder in der Psyche als „Krankheit". Wenn man sich dann nur um die Symptombekämpfung kümmert, sucht sich die Energie ein anderes Körperteil, Organ oder ein anderes Symptom, um sich auszudrücken.

Ich kenne mehrere Frauen, die sich selbst von Krebs geheilt haben, ohne Chemotherapie oder Bestrahlung. Sie sind offener, lebensfroher und kreativer als vor ihrer Diagnose, weil sie bewusst leben und genau hinschauen und fühlen, was die Seele braucht und der Körper will.

Die Weisen Frauen der Vergangenheit waren Hebammen und Heilerinnen. Sie wussten alles über ihren Körper und kannten viele Formen der Heilung, die sie für die Familie und ihr Dorf einsetzten. Dieses Wissen wurde ihnen von den Ärzten des Mittelalters, in Komplizenschaft mit der Kirche, aberkannt und von da an bis heute unterdrückt.

Verlass dich auch nicht auf chemische Medikamente oder Schmerzmittel. Sie bringen nur die Signale des Körpers zum schweigen, heilen aber nicht. Nimm Schmerz und Unwohlsein als Zeichen zum Anhalten. Wahrscheinlich brauchst du Erholung, Entspannung oder Bewegung. Dein Körper sagt dir auch, ob dir deine Arbeit und Beziehung gut tun. Er ist keine Maschine, auch wenn die Ersatzteil-Medizin den Anschein erweckt. Ich will damit nicht sagen, dass die Ärzte der Schulmedizin überflüssig sind. In der Unfallchirurgie und in einigen anderen Spezialgebieten leisten sie manchmal ebenfalls wahre Wunder. Doch sofern ein

Arzt nicht ganzheitlich denkt, fühlt und arbeitet, möchte ich mich nicht unbedingt in seine Hände begeben. Meine Erfahrung, und die vieler anderer Menschen ist, dass Eigenverantwortung und Selbsterforschung dich in die Lage versetzen, den meisten Krankheiten vorzubeugen. Das heißt, dich in die Mitte bringen, dir helfen, in Balance zu bleiben, und dich wieder in Harmonie mit dem Kosmos zu versetzen. Die alten und neuen ganzheitlichen, alternativen Heilmethoden beruhen auf diesem Prinzip.

Fast alle „Zivilisationskrankheiten" entstehen aus einem Übermaß an Essen, Trinken, Konsum ... und einem Mangel an Ausgleich wie Entspannung, Kreativität, Fasten (Entgiften), Maßhalten (Disziplin), Bewegung, Freude, Natürlichem. Wenn es einen Ausgleich gibt, macht dich auch eine gelegentliche „Ausschweifung" nicht krank. Weil fast in allem, was wir zu uns nehmen, Gifte enthalten sind, ist es wichtig, regelmäßig zu entgiften: wenigstens zweimal im Jahr, am besten ein bis zwei Fastentage pro Monat. Das empfiehlt sogar der Tierarzt für unsere Haustiere.

Es gibt viele Variationen des Fastens, von Obst- und Gemüsetagen bis zu strengem Fasten ohne Flüssigkeit, was du aber nur unter fachgerechter Anleitung versuchen solltest. Such dir eine Fastenart aus, die dir entspricht. Entgiften stärkt das Immunsystem, und das bedeutet Schutz beispielsweise vor Infektionskrankheiten. Das Thema Reinigung und Schutz durchzieht alle Ebenen und jede magische Arbeit.

Aber nicht nur der Körper muss von Müll befreit werden, auch der Kopf! All die tausend Gedanken: hätte, könnte, wäre, würde ... Ängste und Schuldgefühle verschmutzen den Körper ebenfalls. Auf der mentalen Ebene sind es vor allem negative Gedanken und Programmierungen wie:..."Ich kann ja doch nichts ändern", ... "die anderen sind Schuld", ... "ich hab keine Zeit, Energie, Geld", die uns niederdrücken und schwächen. Die unbewussten Glaubenssätze und unentdeckten Abspaltungen regieren unser Leben. Du kannst nur entdecken, was sich in deinem Kopf so tummelt, wenn du dich mit dir allein beschäftigst, dir Zeit nimmst, in die Stille zu gehen. Dazu habe ich einige Übungen zusammengestellt, die du nach Bedarf variieren kannst:

Präsenz-Übung

Setz dich bequem hin und beobachte deinen Atem. Achte darauf, dass dein Rücken aufrecht ist und die Schultern entspannt nach unten hängen. (Das ist wichtig, damit die Energiekanäle frei sind und etwas fließen kann. Wenn du eingesunken oder mit hängendem Kopf meditieren willst, gibt es Energiestaus und du fühlst dich dumpf und schwer.) Sobald du merkst, dass du denkst, sagst du dir: "Aha, Gedanke", aber du gehst nicht auf ihn ein und versuchst auch nicht, ihn zu unterdrücken. Das ist nicht immer leicht, besonders, wenn dir gerade jetzt etwas Wichtiges einfällt, was du vergessen hast, zu erledigen. Spring nicht gleich auf, auch wenn die Versuchung groß ist. Es tauchen am Anfang ständig solche Sachen auf, also geh erst gar nicht drauf ein. Registriere einfach die Gedanken und geh wieder zurück zum Atem. Wenn du feststellst, dass du gerade einen Film laufen hast, verfolge ihn nicht weiter und beginne auch keine Diskussionen mit dir. Gehe einfach zum Atemrhythmus zurück und mach weiter. Zwanzig bis dreißig Minuten solltest du schon investieren in diese Übung. Mach sie, so oft du Lust hast. Wenn dir deine absurden Gedanken und glücksvermeidenden Programme auffallen, hast du die Möglichkeit, sie aufzulösen, sonst nicht. Wenn Gedanken dich nerven, kannst du sie dir als vorbeiziehende Wolken vorstellen. Spaß macht es, den Gedanken aufzulauern, dann wollen sie nämlich nicht erscheinen.

Klärung

Setz dich bequem und mit aufrechtem Rücken und entspannten Schultern vor eine Schale mit Salzwasser. Dann lass alle negativen Gedanken, Bilder, Sorgen und Ängste, die wiederholt in dir kreisen wie eine hängen gebliebene Schallplatte, aufsteigen, und stell dir vor, wie sie aus dem Stirn-Chakra (Drittes Auge) als schwarzer Strahl herausfließen, in die Wasserschale hinein. Lass ihnen freien Lauf, bis der schwarze Strom von selbst versiegt. Stell dir dann einen silbernen Strahl vor, der aus dem Kosmos in die Wasserschale fällt und sie silbern aufleuchten lässt. Danach kippst du das Wasser in einen Ausguss und spülst hinterher.

Diese Übung ist gut bei akuten Zuständen von Verwirrung, Panik und Gedankenkreisel. Zu guter Letzt sind da noch Gefühle wie Zorn, Hass, Eifersucht, Schadenfreude und Sorgen jeder Art. Die Tibeter bezeichnen diese Emotionen als Geistesgifte, und Wissenschaftler haben festgestellt, dass diese Gefühle Hormone produzieren, die in einer übermäßigen Menge wirklich als Gift im Körper nachzuweisen sind. Na Klasse! Und jetzt?

Die Emotionen zu reinigen ist schwierig, denn wir haben nur gelernt, sie zu verstecken und zu unterdrücken, was leider nicht hilft. Unterdrückte Wut zum Beispiel verwandelt sich nämlich in Depression. Eine wirksame Reinigungsmethode ist das magische oder spirituelle Bad, bei dem du darum bittest, dass die üblen Gefühle abgespült werden. Das hilft meist in akuten Fällen. Auch Räuchern mit Salbei oder Beifuß bringt schnell eine Veränderung der Energie. Bei starken Emotionen hilft das aber nur vorübergehend. Eine langwierige und gründliche Methode ist eine tibetisch-buddhistische Reinigungsmeditation „Dorje

Sempa" (Diamant Geist) genannt, bei der Visualisierung und Mantragebet verwendet wird.

Ich bin nicht befugt, sie weiterzugeben, aber du kannst dich an ein buddhistisches Zentrum in deiner Nähe wenden, wenn extreme Emotionen dich plagen. Ich habe vieles aus dem tibetischen Buddhismus verinnerlicht und in mein Leben integriert, weil ich es ausprobiert und für sehr wirkungsvoll befunden habe. Nicht jede fühlt sich wohl in der disziplinierten, hierarchisch strukturierten, buddhistischen Welt, aber du musst dich ja keinem Verein anschließen, um von den wertvollen buddhistischen Lehren zu profitieren. Eine alternative Übung, angelehnt an die tibetische Reinigungsmeditation, ist die Lichtreinigung.

Lichtreinigung

Steh zentriert, sitz mit aufrechter Wirbelsäule oder leg dich auf die Erde, wie es jetzt für dich am besten ist. Stell dir vor, wie weißes Licht aus dem Kosmos in deinen Scheitelpunkt einströmt und den ganzen Körper von innen und außen reinigt und die negativen Gedanken und Gefühle von dir ab in die Erde fließen. Versuche dir so lebhaft wie möglich vorzustellen, wie das weiße Licht die Organe umspült, in jeden Winkel dringt, und alle Schlacken herausspült. Die Erde kann diese schädlichen Energien verwandeln und als neutrale Kraft wieder nutzen. Beende die Übung mit der Vorstellung, dass du nun mit weißem Licht angefüllt bist, und schließe dein Wurzelchakra. Das tust du, indem du dir beispielsweise eine Blume am Ende deines Rückrads vorstellt, die ihre Blütenblätter zusammenfaltet und sich schließt.

Sunbear, ein indianischer Lehrer, hat vor Jahren in seinen Workshops immer wieder betont, negative Gefühle könnten bedenkenlos der Erde anvertraut werden. Grabe ein Loch und schreie deine Wut und Enttäuschung in das Loch hinein. Danach lege eine Nuss oder einen Samen hinein und schließe es wieder.

In den Anschauungen vieler anderer Kulturen sind böse Geister und Dämonen verantwortlich für die Heftigkeit dieser Emotionen. Diese unsichtbaren Wesenheiten, die sich an ein menschliches Energiefeld heften und negative Gefühle verstärken, gibt es, auch wenn die „Wissenschaft“ dies bestreitet.

Leichten Zugang zu den Menschen haben vor allem Verstorbene, die sich von dieser Sphäre nicht lösen können, vielleicht weil sie nicht an ein Leben nach dem körperlichen Tod glauben, oder weil sie in ihrem Leben bestimmte Dinge nicht loslassen konnten. Menschen, die auf gewaltsame Weise oder bei Unfällen plötzlich aus dem Leben gerissen wurden, oder solche, die auf Grund ihrer Taten keinen Frieden finden, können auch zu ruhelosen Geistern werden, die Orte und Menschen heimsuchen.

Manchmal werden die Verstorbenen aber auch durch Anklammern und übermäßiges Leiden der Zurückgebliebenen hier festgehalten. In der christlichen Tradition, in der ich aufgewachsen bin, wurden sie „arme Seelen“ genannt und konnten praktisch nur durch die Fürbitten der Lebenden irgendwann Ruhe finden. Heute wird das meist „Clearing“ genannt.

Um auf eine gewisse Weise im Astralkörper weiter existieren zu können, brauchen diese feinstofflichen Wesen Energie von den Lebenden. Sie „trinken“ Lebenskraft im Energiefeld des Opfers und leben ihre eigenen Gelüste und ihre Persönlichkeit über ihren Wirt aus. Das kann sich äußern als Sucht, Depression, „Schizophrenie“ oder ständige, unerklärliche Müdigkeit.

In den alten Traditionen hatte man sorgfältige Begleitrituale für Übergänge, die in diesem Fall vor allem dafür sorgten, dass der Verstorbene die irdische Ebene verließ und weiterging in die Lichtreiche. Vor der Ankunft in diesem glücklichen Bereich durchläuft der Verstorbene eine gefährliche Übergangszeit, die von Priestern und Priesterinnen begleitet wurde. Das tibetische oder ägyptische Totenbuch beispielsweise enthält detaillierte Beschreibungen der Wahrnehmungen des „Toten", sowie Verhaltenshinweise, damit er die Reise unbeschadet übersteht. Mit anderen Worten, er bleibt nicht im Bardo, in den Zwischenreichen, hängen, sondern erreicht das Land der Seeligen, wo er die Erfahrungen des vergangenen Lebens integriert und sich neue Aufgaben und Ziele setzt. Erst wenn die Seele das vergangene Leben integriert hat, kann sie unter Umständen als „Ahnengeist" zurückkehren und die Familie beschützen. Bekommt ein Verstorbener diese Begleitung nicht, hängt es von seinen Überzeugungen und seiner gesamten Lebensführung ab, ob er beim Übergang einen lieben Menschen oder Engel sehen kann, der ihn abholt, oder in Angst und Panik verfällt. Hat jemand etwas wirklich Schreckliches getan, wird er sicherlich von den Erscheinungen der Astralebene gejagt werden. Geister jeglicher Art werden immer von ähnlichen Schwingungen angezogen. Wenn du dich bewusst auf der mentalen und emotionalen Ebene reinigst, finden sie keine Resonanz in dir.

Der Fetischpriester, bei dem ich zwei Jahre in die Lehre ging, wollte einmal durch ein Hühneropfer einen Geist in meinen Körper rufen. In der afrikanischen Tradition werden Gottheiten und Geistwesen, die durch Verehrung und Tieropfer günstig gestimmt werden, im Ritual angerufen. Dabei können sie auch die Körper der Anwesenden rituell besetzen. Dieser Geist war wohl einer, der sich von meinem

Mitgefühl für das Huhn abgestoßen fühlte, denn er kam nicht!

Solltest du das Gefühl haben, besetzt zu sein, reinige dich mit spirituellen Bädern und Räucherungen. Rufe deine Engel/Schutzgeister/Verbündeten, dir beizustehen. Falls nötig, such dir eine vertrauenswürdige Person, die Erfahrung damit hat. Eine Besetzung kann sich beispielsweise so äußern, dass du dich völlig unsinnig benimmst und du es dir nicht erklären kannst. Hier ist eine Zuordnungsliste, die hilft, die entsprechenden Reinigungsmethoden auszusuchen:

Den materiellen Körper reinigt

- Menstruation
- Baden/Sauna
- Fasten/Entgiften
- Entspannung/Bewegung/Yoga/T'ai Chi/Qi Gong und ähnliches
- Kräuter/Pflanzen
- Salz und Wasser

Den mentalen Körper (Ebene der Gedanken) reinigt

- Meditation/Imagination Ruhe/Alleinsein
- Schwitzhütte
- Räucherung
- Salzwasserreinigung (Klärungsübung)

Den emotionalen Körper (Ebene der Gefühle) reinigt

- Spirituelles Bad
- Schwitzhütte
- Räucherung
- Rituale/Meditationen
- Spielen/Lachen/Weinen/Tanz

Da alle Körper aufeinander einwirken, hat die Reinigung auf einer Ebene auch Einfluss auf alle anderen.

Das spirituelle Bad

Wasser ist das Symbol der fließenden Lebensessenz. Es hat die Fähigkeit, von spirituellen Schlacken und Blockaden zu befreien. Meerwasser wäscht alles Negative ab, und Süßwasser erhält und erleichtert unser Leben. Bei einem spirituellen Bad benutzt du weder Seife noch Shampoo oder andere Badezusätze. Dein Körper sollte bereits sauber sein.

Nimm eine Tasse Apfelessig und einen Esslöffel Salz und löse sie in lauwarmem Wasser auf. Bleib am besten zehn Minuten im Wasser und tauche oft unter oder begieße dich mit Wasser (mit einer Muschel vielleicht). Spüle den Mund aus und bitte um Befreiung von deinen Sorgen und Ängsten. Nach dem Baden lass dich möglichst an der Luft trocknen, wasch deine Haare vierundzwanzig Stunden lang nicht.

Im gleichen Zug kannst du auch deine Wohnung als deinen erweiterten materiellen Körper betrachten und einmal unter diesem Gesichtspunkt überprüfen. Auch die Wohnräume müssen von Zeit zu Zeit gesäubert, geordnet und energetisch gereinigt werden, besonders, wenn sich dort hässliche Szenen abgespielt oder unangenehme Menschen aufgehalten haben. Aber auch ohne eine solche Belastung äußern sich Unordnung, Schmutz und Chaos als Blockaden, die zum Beispiel den Geldfluss zum Stocken bringen oder dir Energie nehmen, wenn du bloß nur hinschaust. Solltest du Widerstände gegen das Aufräumen haben, werden sie schmelzen, wenn du die ersten Resultate siehst und erlebst.

Wasser und Salz machen die Hauptbestandteile eines lebenden Körpers aus. Reines Wasser und gutes Salz (Steinsalz, das nicht chemisch behandelt ist) gewährleisten, dass der „Biocomputer“ Körper reibungslos funktioniert und sich immer wieder regeneriert. Unser Trinkwasser wird seit Jahrzehnten verseucht und teilweise gezielt durch Chemikalien, die uns vergiften und willenlos machen, mit „Informationen“ gespeist. Ebenso ist es beim Salz. Was heute als Tafelsalz verkauft wird, ist Natriumchlorid, ein Industrieabfallprodukt, und hat gerade noch mal zwei von den vierundachtzig Elementen (des chemischen Periodensystems), die kristallines Steinsalz enthält. Natriumchlorid verstopft die Leitbahnen und Blutgefäße mit Ablagerungen und trocknet den Körper aus, weil es Zellwasser bindet. Kristallsalz bricht diese Verkrustungen auf und gibt dem Körper wieder alle Mineralien, neue Struktur und Energie.

5. Beltane

Wenn der Mai kommt, ist es endlich Frühling. Laue Lüfte wehen, bunte Blumen blühen überall, und Bäume und Sträucher sind in frisches Grün gekleidet. Das ist die Zeit der Hochzeit von Himmel und Erde, Beltane, der Vorabend des ersten Mai, die Walpurgisnacht, wo die „Heiden" auf den Wiesen und Feldern tanzen und ihre Freudenfeuer entzünden. Die Große Göttin, Mutter Erde, hat sich erneuert, und in der Gestalt der Maikönigin nimmt sie den Lichtgott in sich auf, damit Fruchtbarkeit und neues Leben die Natur erfüllen mögen.

Unsere Vorfahren begingen dieses Fest mit ekstatischen Riten, die jeder Frau und jedem Mann erlaubten, in dieser Nacht einen neuen Partner zu wählen, auch außerhalb der Ehe, die damals noch nicht in dem engen kirchlichen oder staatlichen Korsett festgeschrieben war. Kinder, die in dieser Nacht gezeugt wurden, galten als Kinder der Göttin und als besonders gesegnet.

Es soll hier nicht angeregt werden, zu den alten Orgien zurückzukehren. Die Menschen haben sich verändert und in gewissem Sinn die kindliche Unschuld verloren, die sie damals noch besaßen.

Heute geht es vor allem darum, diese kosmischen Geheimnisse auch geistig nachzuvollziehen und zu verarbeiten. Die Göttin, die wir immer wieder anrufen, ist Mutter Erde, die sich in vielen verschiedenen Formen und Facetten zeigt. Sie ist die Ewige, die sich immer wieder verjüngt und erneuert: als Brigid, die Lichtbringerin, als Ostara oder Kore, die Frühlingsjungfrau, die aus der Unterwelt hervorkommt. Im Sommer ist sie die wunderschöne Geliebte des Sonnengottes, dann die Schnitterin und im Winter die Alte, die Tödin, Frau Holle oder die Percht, die die Seelen der Toten heimholt. Der Grund dafür, warum sie heute krank, missbraucht und vergiftet ist, findet sich unter anderem darin, dass die Menschen vergessen haben, sie zu respektieren und zu ehren als das, was sie ist: die Mutter aller Lebewesen hier!

Der Gott, der Sonnenlogos, ist ihr Gefährte, der sie zu Beltane freit, sich als Kornkönig zur Erntezeit opfert, gegen Westen segelt (die Sonnenkraft nimmt nach dem 21. Juni ab) und zu Samhain als Lichtkind empfangen wird. Am 21. Dezember, zur Wintersonnenwende, wird er wiedergeboren. Das „Weihnachtsfest“, als Fest der Geburt Christi, wurde auf dieses Datum gelegt, weil es thematisch mit der Geburt des Lichtkindes der keltischen Germanen übereinstimmte. Manche sehen in dem Gott auch den „Grünen Mann“, den wilden Jäger oder Pan. Letztlich gibt es in der Alten Tradition kein Dogma, und es bleibt jedem selbst überlassen, wie er oder sie den Gefährten der Göttin Erde betrachten will. Das sind Namen, die jede/r mit eigenem Fühlen füllen muss. Mit dem Gott ist hier aber nicht der Schöpfer des Universums, die Quelle allen Seins, gemeint, obwohl diese Quelle den Gott sowie die Göttin in allen Ausdrucksformen enthält.

Indem wir die Jahreskreisfeste gemeinsam feiern, ehren wir die Erde und die Sonne als unsere „Eltern“, die uns Nahrung, Wärme und alles schenken, was wir zum Leben brauchen. Vielleicht erscheint dir dies eine archaische Einstellung, doch bedenke, dass ohne die (bisher) zuverlässigen Rhythmen von Sonne, Mond und den anderen Planeten dein Strom auch nicht mehr aus der Steckdose käme. Die Feste erinnern uns an das Mysterium des Kreislaufs von Tod und Wiedergeburt. Sie zu feiern bedeutet, jede Jahreszeit in ihrer eigenen Qualität zu schätzen. Früher wäre ich im Winter am liebsten, wie viele meiner Freunde, in die tropischen Gefilde geflüchtet. Die Zeit der

Dunkelheit und Kälte schien mir endlos und schrecklich. Heute nutze ich diese Zeit für alles, was mit den inneren Welten zu tun hat, zum Schreiben und Malen und dafür, neue Projekte auszutüfteln. Ich kann jetzt auch die Kälte und Dunkelheit genießen, weil ich mich ins Warme kuscheln kann und träume und spinne, gemütliche Abende mit Freundinnen verbringe, und meiner Leseleidenschaft fröne.

Die Botschaft von Beltane ist die Versöhnung von Mann und Frau. Nur die Liebe, und als Folge die Freude am und im Leben, kann uns und die Erde heilen. Egal, was Männer tun oder getan haben, es geht nur miteinander und gemeinsam. Die Basis dafür schafft die Aufarbeitung der Traumata der Einzelnen und des Kollektiven. Wenn Frauen ihre alten Verletzungen geheilt haben, können sie ihre eigenen männlichen Anteile darin sehen und den Männern vergeben. Wenn Männer zu ihren wahren Initiationen und neuen Männeridealen gefunden haben, die ihnen ein breiteres Spektrum an Identifikationsmöglichkeiten bieten, können sie ihren Frauenhass auflösen und ihre eigenen weiblichen Qualitäten entdecken. Auch sollte keine vergessen, dass wir schon unzählige Male gelebt haben und bestimmt auch schon ein paarmal als Mann.

Also, lade ein paar Freunde und Freundinnen ein. Sucht euch einen Platz, wo ihr ein Feuer machen könnt, notfalls auf einem gemieteten Grillplatz, und feiert den Frühling, die Freude und die Liebe. Wir stellen immer einen „Maibaum“ in die Mitte der Feuerstelle (meistens eine ausgediente Bohnenstange). Daran werden bunte Bänder geknüpft, und unter Singen und Lachen werden sie miteinander verwoben, indem eine Hälfte der Anwesenden rechts, die andere Hälfte links herum tanzt. Jeder kann einen Wunsch in sein Band hineingeben, und wenn das Feuer entzündet wird und der Maibaum verbrennt, werden die

Wünsche in den Kosmos freigesetzt (durch die verwandelnde Kraft des Feuers). Lieder für dieses Ritual findest du im Anhang. Wenn der Maibaum verbrannt und das Feuer niedrig genug ist, könnt ihr über die Glut springen und dabei dem Feuer alles übergeben, was ihr verwandeln wollt.

Bist du eine einsame Wölfin, mit nur einer oder zwei guten Freundinnen, gestaltet euch eine Walpurgisnacht, in der ihr auf spielerische Weise mit den Kräften Kontakt aufnehmt.

Vor vielen Jahren, als auch ich nur wenige Frauen kannte, die sich für spirituelle Feste interessierten, gingen wir einmal zu viert auf einen kleinen Vulkanhügel, der in der Mitte sanfter Pferdeweiden aufragte. Als wir auf dem Waldparkplatz aus dem Auto stiegen, begegnete uns ein Förster, der ungläubig auf unsere beiden großen Reisigbesen schaute, die wir mitschleppten. Wir wollten die Besen von den Naturkräften aufladen lassen mit der Kraft der Reinigung. Einer war für zu Hause, der andere sollte als Geschenk dort bleiben.

Wir riefen gemeinsam die Elemente, das reinigende Wasser, das transformierende Feuer, die schützende Erde, und vor allem den frischen Wind. Ich bat ihn, mich immer wieder wachzurütteln und weiterzupusten, wenn ich einzuschlafen drohte oder es mir gerade wieder in meinen Illusionen gemütlich machen wollte. Als ich den Geschenkbesen, ohne hinzusehen, aus der Hand warf, keuchten die anderen vor Überraschung: der Besen steckte aufrecht, genau in der Mitte des kleinen Höhleneingangs auf dem Gipfel des Hügels. Mir kamen die Tränen, denn das war das Zeichen, dass die Kräfte uns gehört hatten und unser Geschenk angenommen war. So offen und aufrichtig, wie du mit den Elementen und Naturkräften sprichst, so sicher kannst du auf Antwort sein.

6. Verbündete

Verbündete sind Freunde, auf die du zählen kannst. Es ist wichtig, gute Freunde und vor allem eine beste Freundin zu haben, aber es gibt durchaus Situationen, in denen dir deine menschlichen Freunde nicht weiterhelfen können. Dann wird es spannend.

Als Kinder hatten wir Kuscheltiere, die uns ein Gefühl von Sicherheit und Nähe gaben. Wer könnten deine Verbündeten heute sein? In den Märchen wird oft geschildert, wie sich ein „Dummling" mit Ameisen, Vögeln oder anderen Tieren befreundet, indem er seine Nahrung mit ihnen teilt und sich nicht zu fein ist, mit ihnen zu reden. Hinterher zahlt sich das dann aus. Nur diese Tiere sind in der Lage, ihm zu helfen, die unlösbaren Aufgaben zu erfüllen oder ihm wertvolle Informationen zu liefern, um die „Prinzessin" zu retten. Diese Geschichten sind uraltes magisches Wissen um die Verbündeten und Helferwesen, die Eine/r braucht, um gut durch das Leben zu kommen.

Die klassische Verbündete einer Hexe ist natürlich die Katze, wegen ihrer großen Empfindsamkeit und Hellsichtigkeit. Mit Katzen zu leben bedeutet in der Stadt etwas anderes als auf dem Land, wo sich Katzen meist selbst versorgen, und nicht so eine enge Anbindung an die Menschen haben. Stadtkatzen dagegen entwickeln, auch wenn sie frei herumlaufen dürfen, eine tiefe Vertrautheit zu ihren Menschen. Bei mir und den meisten Frauen, die ich kenne, dürfen die Katzen ins Bett. Sie sind Stimmungsbarometer. Sie zeigen dir Störzonen. Sie signalisieren auch durch ihr Verhalten, wenn etwas energetisch nicht stimmt. Meine Katzen lieben Meditation und Trance-Energien. Sie können in einem anderen Zimmer tief und fest schlafen, kaum beginne ich mit Tiefenentspannung, sind sie da und wollen mitmachen.

Wer lange in einer Großstadt lebt und arbeitet, verliert leicht den unmittelbaren Kontakt zur Natur „außerhalb seiner selbst“. Meiner Überzeugung nach rühren viele unserer Allergien, besonders die gegen Tiere und Hausstaub, von unbewussten Berührungsängsten mit der Erde (Schmutz!) und den Tieren (Krankheitsüberträger!) her.

Meine drei Katzen Louis, Bruxa und Tashi Delek sind wunderbare Helfer und Weggefährten. Von Tashi, der Alten, lernte ich, wie sensibel Katzen wirklich sind, sie machte mich achtsam für ihre seelischen Bedürfnisse. Louis ist ein zärtlicher, großer Schmuser und ein kluger Kater, der mich oft zum Lachen bringt, und Bruxa, die kleine Portugiesin, zeigte mir, wie Katzen sich selbst heilen und über welche Kräfte sie verfügen.

Jede, die mit Katzen lebt, weiß, dass sie alles verstehen und dir irgendwie alles verständlich machen, was sie dir mitteilen wollen. Haustiere sind wundervolle, greifbare Verbündete, aber auch Wildtiere, zu denen du eine besondere Anziehung spürst, die sich dir zeigen oder von dir finden lassen, können solche sein. Die Feder, die sich von dir finden lässt, verbindet dich mit ihrem Besitzer.

Und dann gibt es da noch die Krafttiere. Ein Krafttier ist mit dir über die Seelenebene verbunden und „lebt“ in dir. Du kannst sogar mehr als ein Krafttier haben, und manchmal geht eines wieder weg, wenn seine Aufgabe erfüllt ist. Dann kommt vielleicht ein anderes. Die besonderen Eigenschaften und Fähigkeiten dieser Krafttiere können dir nützen, wenn sie deine Verbündeten sind. Im Kapitel zwölf findest du mehr zu diesem Thema.

Also, mit Tieren reden mag ja noch angehen. Aber wie können Bäume und Pflanzen Verbündete sein? Es wird dir nicht viel bringen, Kräuterbücher auswendig zu lernen, wenn du keine Beziehung zu den Pflanzen und Kräutern hast.

Ich hatte das Glück, während meiner ersten Jahre am Rande einer Kleinstadt aufwachsen zu dürfen. Direkt hinter dem Haus meiner Großeltern fingen die Wiesen an, Kornfelder, ein Bach - es war das Paradies. Ich spielte mit Molchen, Hummeln und Ferkeln. Meine einzige Allergie ist die gegen Filterkaffee.

Um unsere Beziehung zur Natur in den Städten wieder herzustellen, ist es essentiell, uns selbst wieder als Teil dieser Natur, der komplexen Lebensgemeinschaft Erde, zu spüren. Wer acht bis zehn Stunden täglich außer Haus „entfremdet" arbeitet, kann vielleicht noch gerade am Wochenende, in den Wald oder Park gehen. Umso wichtiger ist es, die eigene Wohnung oder das eigene Zimmer als Kraftplatz zu gestalten, und damit die Energien und Wesen anzuziehen, die Magie dort hineinbringen und die Gegenstände zum Leben erwecken. Die Farben und Materialien, die du wählst, sollten für dich Kraft, Gesundheit, Freude und Fülle repräsentieren. Das Symbol ist eine Erinnerungshilfe an das Urprinzip, das dahinter steht.

Richte deinen Hausaltar, Kraftplatz oder deine Meditationsecke mit den Dingen ein, die dein Herz berühren. Kerzen und Räucherstäbchen runden den Kraftplatz ab, dessen Energie du jedes Mal verstärkst, wenn du dort träumst, meditierst oder betest.

Das Schlafzimmer ist meiner Meinung nach auch ein Ort, an dem wir eine Atmosphäre brauchen, die ein Gefühl von Geborgenheit und Schutz vermittelt. Wenn ich an die typischen Schlafzimmer der vorigen Generation denke, wird mir immer kalt. Ein schmuckloses, praktisches Bett, eine riesige Spiegelschrankwand und halb geschlossene Jalousien.

Mein Schlafzimmer sieht aus wie eine Sandsteinhöhle. Alle vier Ecken habe ich mit Pappmache verkleidet und so eine fast runde Form geschaffen. Die Wandfarbe ist ein leuchtendes Goldorange. Hier spätestens schreien die orthodoxen Feng Shui Fachleute auf: „Blautöne sind geeignet für Schlafzimmer, weil sie beruhigen!" Mich beruhigt am besten ein weiches, sonnenwarm leuchtendes Licht, das am Abend nachdunkelt in einen Farbton, der dem im Mutterleib nahekommen muss.

Da ich meistens in der Stadt lebe und auch viel arbeite, habe ich mich entschieden, da, wo ich mich aufhalte, möglichst dicht an der Natur zu sein. In der Stadt ist ein Garten Luxus geworden. Ich habe besonderes Glück gehabt mit meiner Stadtwohnung. Sie liegt im ersten Stock über meinem Laden und Arbeitsplatz. Üppiges Efeu überwuchert die Hauswand. Tiefrote Kletterrosen umrahmen den Eingangsbereich. Direkt nebenan gebaut ist eine urige Kneipe mit Biergarten, deren Flachdach von meinem Fenster bequem zu erreichen ist. Es ist fast achtzig Quadratmeter groß, und ich habe es, dank einer toleranten Vermieterin geschafft, darauf einen Dachgarten anzulegen.

Dieser Garten ist ein Wunder! Alles wächst in Töpfen, Kästen und Schalen, sieht aber überaus üppig und gesund aus. Über die Jahre haben sich Birken und Weiden selbst ausgesät und sind zu stattlichen Bäumchen herangewachsen. Stauden, Blumen und Kräuter sowie Erdbeeren, Feigen und Zitronen und vieles andere ziehe ich erfolgreich.

Ich erfahre die Jahreszeiten intensiver als früher. Der Frühling erscheint mir jedes Jahr ekstatischer. Ich verbringe jede freie Minute in meinem Garten, schaue den jungen Blättern beim Wachsen zu, zähle die Blüten des Fliederbusches und schneide das Gras vorsichtig mit einer

Rasenschere. Ich habe tatsächlich auch ein Stück Wildrasen auf dem Dach, und wenn ich dort eine halbe Stunde bin, geht es mir gut, egal wie gestresst ich vorher war.

Dieser Garten ist eine Oase und ein echter Kraftplatz, was beweist, dass wir uns Kraftplätze erschaffen können, sogar in der Stadt. Die Krönung meiner Sammlung ist ein Giant Sequoia, ein echter Redwood Mammutbaum, den ich vor Jahren am „Tag der Erde“ als fünfzehn Zentimeter großen Setzling gekauft hatte. Er ist mittlerweile fast so groß wie ich, und wenn ich den Ort gefunden habe, wo ich mich endgültig niederlassen will, werde ich ihn einpflanzen. Er ist einer meiner Verbündeten, und meine Phantasie ist es, unter ihm begraben zu werden.

Vielleicht mag jetzt Eine denken: „Bäume in Töpfen, ist das nicht unnatürlich?“ Mittlerweile begreife ich, dass alles Natur und Natur überall ist. Ich erlebe, wie Gras, Bodendecker und Efeu auf bloßer Dachpappe wachsen und gedeihen. Ich rede mit den Pflanzen, bewundere ihre Schönheit und ermuntere sie zu wachsen. Außerdem hänge ich Mobiles aus Spiegelscherben in die Zweige und kleine Facettenkristalle, um Elfen und andere Elementarwesen anzulocken und zu erfreuen.

Jedes Jahr zum Frühlingsbeginn eröffne ich die Saison mit einem kleinen Fest für die unsichtbaren Freunde. Räucherwerk und Kerzen brennen, ich singe für sie, oder wir machen mit ein paar Freunden gemeinsam Musik. Gary Thomas, ein befreundeter australischer Didgeridoo-Spieler, widmete ihnen mehr als ein Privatkonzert. Er erholte sich dort nach anstrengenden Tournee-Etappen auf dem Weg quer durch Europa. Gary nennt den Garten „The Bubble“, die magische Blase in einer ganz normalen Straße einer mittleren Großstadt.

Du hast aber nun keinen Garten und auch kein Dach, das du in Beschlag nehmen kannst. Fensterbänke hast du aber bestimmt. Das, was ich mit meinem Garten veranstalte, kannst du genauso für deine Zimmerpflanzen tun. Rede mit ihnen, spiele ihnen harmonische Musik vor, lobe sie für ihre Schönheit. Schau, was passiert. Vielleicht hat dein Haus einen kleinen Vorgarten und du pflanzt dort einfach mal etwas hin. Man braucht nicht viel Platz, um einen Impuls von Schönheit in die Welt zu bringen. Japanische Gärten sind winzig, aber kunstvoll und ausgewogen gestaltet. Die Kunst der Bonsaizucht ist eine japanische Meditation.

Eine tibetische Meditation ist es, sich beim Pflanzengießen vorzustellen, du bewässerst alle Gärten und Landschaften der Erde, die Wasser brauchen, und vervielfältigst im Geist diese Handlung. Die Tibeter glauben, dass es möglich ist, dadurch viele Verdienste zum Wohle aller anzusammeln. Du kannst dir auch vorstellen, du bist die Göttin, die der Erde Fruchtbarkeit und Regen bringt.

Das ist keine Anmaßung. Die Frau ist ein Hologramm der Göttin, deshalb haben wir das Potential, die Göttin in uns zu verwirklichen, in all ihrer Vielfalt. Die Alte Tradition der westlichen Welt basiert auf der Annahme, dass DU, jeder Mensch und alles, was existiert, göttlich ist. Du kannst mit den Pflanzen in Verbindung treten, indem du ihre Blätter und Rinde streichelst. Du kannst den Duft der Blüten bewusst und tief in dich hineinatmen. Alles hängt vom Grad deiner Bewusstheit ab. Energie folgt dem Gedanken - das ist ein kosmisches Gesetz. Je mehr Aufmerksamkeit du in etwas investierst, um so größer ist die Wahrscheinlichkeit einer Antwort und die Intensität deines Erlebens.

Übung

Such dir einen Baum im Park oder Wald, der dir gefällt. Bring ihm Geschenke mit. Ich habe meistens Räucherstäbchen und Futter für Enten und Eichhörnchen dabei, stecke Federn, die ich unterwegs finde, um seinen Stamm oder hänge etwas in die Zweige. Du kannst ihm auch etwas vorsingen, tanzen oder erzählen, deiner Kreativität sind keine Grenzen gesetzt. Du kannst mit deinem Baum sprechen, wie mit einem Freund, in Worten oder in Gedanken. Lehne dich mit dem Rücken an seinen Stamm, spüre seine Kraft, schau ihn genau an und werde still. Dann kannst du die Eingebungen hören und fühlen, die der Baum dir zukommen lässt.

Eine meiner Verbündeten ist eine Trauerweide am Ufer eines Sees im Park. Ihre Zweige bilden ein Zelt, das mich vor unerwünschten Blicken schützt. Oft sitze ich nur da, stundenlang, und schaue ins Wasser, und wenn ich heimgehe, fühle ich mich gestärkt und froh. Manchmal spreche ich meine Sorgen aus und bekomme tatsächlich Antwort, Trost oder praktischen Rat, einmal sogar ein kleines Gedicht. Besuche deinen Baum so oft du willst und daran denkst - er wird dir eine große Unterstützung sein.

Birken und Salweiden sind auch bekannt für ihre freundliche Energie, und den Saligen, den Bewohnerinnen der Salweiden, sagt man nach, dass sie früher gern Kontakt zu Menschen hatten.

Weitere Übungsvorschläge

- *Lege dich so oft du Gelegenheit hast, auf eine Wiese, den Sand- oder Erdboden und spüre die Anziehungskraft der Erde, mache dir bewusst, wie sie dich trägt, schützt und nährt, unabhängig davon, ob du daran denkst, es schätzt oder nicht. Mache die Erdungsübung bei solchen Gelegenheiten, oder immer, wenn du dich ausgelaugt, schwach und schutzbedürftig fühlst.*

- *Lauf barfuß, wenn es möglich ist, und spüre die Energie, die aus der Erde aufsteigt, das Kribbeln unter deinen Füßen, gehe langsam und bewusst, und sei dir klar, dass du auf dem „Körper der Mutter" wandelst.*
- *Nimm dir einen Moment Zeit und betrachte die Blume am Straßenrand, an der du sonst vorübergehst, und öffne dich für die Schönheit der einfachen Dinge, die wir oft nicht sehen oder als selbstverständlich hinnehmen.*
- *Lass dich von Steinen ansprechen. Lass dich locken von ihrer Farbe oder Form (Meereskiesel können das besonders gut). Es muss auch nicht immer ein Edelstein sein. Ich habe mir in schwierigen Situationen unterwegs immer einen Kraftstein gesucht, der mich mit ruhiger Kraft und Zuversicht füllen konnte. Steine können den Heilprozess anregen oder beschleunigen.*

Mein beeindruckendstes Erlebnis mit einem Bergkristall hatte ich vor einigen Jahren. Ich hatte mir ein Küchenmesser in den Knorpel des Zeigefingerknöchels gerammt und nach kurzer Zeit war der Finger dick angeschwollen und klopfte. Der Gedanke, stundenlang im Wartezimmer eines Arztes darauf zu warten, dass er mir eine Spritze gab, war wenig verlockend. Ich nahm intuitiv eine kleine Bergkristallkugel in die verletzte Hand, legte mich ins Bett und stellte mir vor, wie ein goldener Strahl aus dem Kosmos in die Kugel fällt, die Teilchen des Kristalls zum Schwingen bringt, dann die verletzten Teilchen gegen energiegeladene Lichtteilchen ausgetauscht werden, und die Wunde sich sauber verschließt. Dabei schlief ich ein. Am nächsten Morgen war der Finger abgeschwollen und die

Wunde geschlossen. Es gab keine weiteren Beschwerden damit.

Alle diese Erlebnisse füllen dein Energiereservoir, schenken dir Freude und Glück. Nach und nach wirst du besondere Eigenschaften der Pflanzen, Bäume oder Tiere entdecken, die dir in bestimmten Situationen helfen, dich zu zentrieren, dich stärken oder ermutigen. Wenn du vertraut bist mit den Wesen in deiner Nähe, wenn du mit ihnen kommunizieren kannst, werden sie zu Verbündeten.

Das gilt natürlich auch für die unsichtbaren Wesen, die manche Schutzengel, Schutzgeister oder Geisthelfer nennen. Sie sind zwar um dich, aber wenn du das nicht weißt, sie nicht kennst und nie mit ihnen Kontakt aufnimmst, können sie dir nicht helfen, selbst wenn sie es möchten. Rede mit deinen Schutzgeistern, schenke ihnen duftendes Räucherwerk und Kerzenlicht. Bitte sie um Zeichen und Unterstützung und vergiss auch nicht, dich zu bedanken. „Wir sind von Engeln umgeben", sagte Carlos Santana neulich bei „Rock im Park" ins Mikrofon und spielte mit seiner Band ein wunderschönes Stück namens „Spiritual", was er, von Engeln inspiriert, komponiert, und zu ihrem Lob in der Welt materialisiert hatte.

Verbündete Dinge, Kraftobjekte, sind Gegenstände oder Dinge aus der Natur, die du gefunden oder geschenkt bekommen hast, kunstvoll gearbeitet oder naturbelassen. Auch langjährige geliebte Werkzeuge können zu Kraftgegenständen werden. Das Wichtigste dabei ist immer, welche Gedanken und Gefühle sie bei dir auslösen und welche Erfahrungen du mit ihnen machst. Dinge, die du von Menschen bekommst, solltest du prüfend erfühlen und reinigen, bevor du sie benutzt. Manchmal kleben Energien an diesen Dingen, die dir nicht gut tun. Auch mit einem Gegenstand musst du dich verbünden lernen. Das geht am leichtesten, wenn du diesen Gegenstand selbst findest oder herstellst, und ihn dann weihst, das heißt, mit den Energien des Universums auflädst und segnest.

Ich habe einmal mit einer Gruppe gemeinsam das rituelle Messer hergestellt. Ein ganzes Wochenende investierten die Frauen, um ihre Messer so zu gestalten und zu verzieren, dass sie sich schön, kraftvoll und „luftig“ anfühlten. Das Ergebnis war überwältigend. Jedes Messer war ein Kunstwerk für sich. Die Klingen waren individuell geformt und geschliffen, die Holzgriffe erinnerten an Vogelköpfe und es waren Muscheln, Steine und Knochen eingearbeitet. So ein magisches Werkzeug begleitet dich über lange Zeit und schenkt dir Eigenmacht. Wenn du solche Dinge kaufst, nimm dir ausreichend Zeit, vorher ihre Energie zu spüren und lass dich nicht nur vom Äußeren lenken. Die traditionellen magischen Geräte sind: Messer, Zauberstab, Kelch, ein Symbol für das Erdelement und der Kessel. Sie repräsentieren die vier Elemente und die Mitte.

Messer • Luft • Grenzen ziehen • Trennen • Schützen • Abschneiden

Zauberstab • Feuer • magischer Wille • Kanalisieren und Ausrichten • Transformieren • Verwandeln

Kelch • Wasser • Gral • Vision • Intuition • Gefühle • Überfluss

Erdsymbol • Spirale oder Pentagramm auf Holz oder Stein • Verbindung mit der Erde • Festigkeit • Standhaftigkeit • Materialisieren

Kessel • Mitte • Durchgang zur anderen Realität • Ahninnentopf • Kessel von Tod und Wiedergeburt

Luisa Francia hat eine wunderbar praktische Variante des Kessels mit aus Afrika gebracht, den Ahninnentopf. Er wirkt sowohl für die Wunscherfüllung als auch zur Geldvermehrung, wenn er gut benutzt wird. Ich habe einen grünen Terracottatopf mit Goldrand, halb gefüllt mit Meeressand, Muscheln und Steinen, die ich gefunden habe. Auch ein paar Münzen und Symbole für Reichtum kommen hinein. Ab und zu eine Köstlichkeit für die Ahninnen, Schokolade oder ähnliches, und in Notfällen einen Zettel mit der Bitte um das, was dringend benötigt wird. Ich habe gute Erfahrungen damit gemacht.

Talismane und Schutzamulette kannst du dir ebenfalls selbst herstellen, wenn du zu Naturmaterialien eine stärkere Verbindung hast als zu sigillenbedruckten Metallplättchen. Natürlich gibt es kraftvolle Symbol – Amulette, die schon durch ihre Form Energie ausstrahlen, wie das ägyptische Ankh (Henkelkreuz), aber du solltest das Symbol und seine Wirkung genau kennen, bevor du es dir um den Hals hängst. Mit dem Pendel oder Tensor kannst du die Sympathie zwischen dir und einem Amulett herausfinden. Wenn du dir eins kaufst, solltest du es auf jeden Fall reinigen und magisch aufladen.

Eine Weihe, wie sie hier für die vier magischen Geräte folgt, kannst du auf jeden Gegenstand übertragen. Beachte auch die Korrespondenzen der Dinge zu den Zeitqualitäten (siehe Tabelle Seite 34 - 40), zum Beispiel sollte die Weihe eines Messers möglichst bei zunehmendem Mond im Zwilling oder Wassermann zusammen mit einer Räucherung und einem Lied ausgeführt werden. Kerzen weihst du, indem du sie von der Mitte ausgehend je dreimal mit einem Salböl, was du selbst mischen kannst, einreibst und dann deine Energie durch die Handflächen in die Kerzen strömen lässt. Je konzentrierter deine Gedanken und Gefühle bei der Sache sind, umso kraftvoller sind die Kerzen.

Messer – Weihe

Du brauchst:
Dein Messer • Symbole für die vier Elemente (Kelch mit Salzwasser • Kristall • Kerze • Feder ...)
Erdung • Reinigung mit Salbei oder Beifuß • Rufen der Elemente • geweihte Kerze in der Farbe des Elements Luft: weiß, hellblau, gelb

Meditation zum Luftelement

Verbinde dich mit deinem Atem, Stell dir vor, du stehst vor einem riesigen Regenbogen und gehst langsam durch die verschiedenen Lichtfarbenfelder von Rot über Orange – Gelb – Grün – Blau – Indigo bis Violett.

Als du aus den Lichtfeldern heraustrittst, bist du auf einer Wiese in der Morgendämmerung. Die Sonne geht gerade auf und du hörst das Konzert der Vögel, die den neuen Tag begrüßen. Laue Winde umspielen dich, spielen mit deinem Haar. Es sind die Sylphen, die zarten Geister der Lüfte. Feine weiße Wölkchen schweben am Himmel und ein majestätischer Greifvogel zieht langsam seine Kreise. Verinnerliche diese Energie des Neubeginns, eines neuen Tages, der dir wieder alle Möglichkeiten schenkt. Vergegenwärtige dir die Freiheit deiner Wahl, neu an die Dinge des Lebens heranzugehen, neue Standpunkte einzunehmen, Entscheidungen zu treffen. Erkenne deine Fähigkeit, dich von Dingen und Sichtweisen zu trennen, Grenzen zu ziehen, abzuschneiden, was dich hindert, frei zu sein, und dich deinem höchsten Potential entsprechend zu entwickeln. Spüre, wie die frische Luft deine Gedanken klärt und dich inspiriert.

Nun nimm dein Messer in beide Hände und lass die Kraft dieser Bilder und Gedanken in dein magisches Werkzeug hineinfließen. Imprägniere dein Messer mit den Energien der vier Elemente (durch Berühren der Symbole und visualisieren, wie deren Kraft in das Messer fließt.).

Sprich:

„Mögest du von der Kraft der Elemente durchdrungen sein
und mir dienen im Süden, Westen, Osten und Norden,
zwischen den Welten und in allen Welten."

Stell dir vor, wie weißblaues Licht aus deinen Handflächen in dein Werkzeug fließt und es durchdringt und einhüllt. Dann umwickle es dreimal mit einem silbernen Faden, mache drei Knoten und sprich:

„Mögest du erfüllt sein von der Mitte aus,
durch und durch, von innen und außen,
und mein Werkzeug sein.
Schnur umwinde,
Kräfte binde,
Licht gespiegelt,
sei versiegelt.
Durch die Kraft von drei mal drei,
der Zauber nun gewoben sein".

Bestreiche dein Messer mit Spucke, hauche es an, halte es an Herz und Lippen und präsentiere es Himmel und Erde. Danke den Kräften, verabschiede sie und öffne den Kreis.

Stab – Weihe

Du brauchst:

Deinen Stab • Symbole für die vier Elemente (Kelch mit Salzwasser • Kristall • Kerze • Feder ...)

Erdung • Im Erdenfeuer • Reinigung mit Salbei oder Drachenblut • Rufen der Elemente • geweihte Kerze in der Farbe des Elements Feuer: rot – orange

Meditation zum Feuerelement

Verbinde dich mit deinem Atem, Stell dir vor, du stehst vor einem riesigen Regenbogen und gehst langsam durch die verschiedenen Lichtfarbenfelder von Rot über Orange – Gelb – Grün – Blau – Indigo bis Violett.

Als du aus den Lichtfeldern heraustrittst, erblickst du eine Wüstenlandschaft in der Mittagssonne. Spüre die Hitze und fühle deine Körperwärme, die elektrischen Impulse, die deine Nerven steuern, die Verbrennungsprozesse des Stoffwechsels, das prickelnde Feuer der Liebe und Leidenschaft. Richte dann die Aufmerksamkeit auf das Sonnengeflecht, das Zentrum deines Willens. Sei dir bewusst über deine Kraft zu schaffen, zu handeln, und Gedachtem Gestalt zu geben. Sei dir auch darüber bewusst, dass alles gelingt, wenn es im Einklang mit dem göttlichen Willen ist.

Verbinde dich mit dem strahlenden Geist der Göttin des kreativen Feuers, Brigid. Lass dein inneres Feuer eins werden mit dem Kerzenlicht, dem Sonnenschein, dem elektrischen Feuer des Blitzes, dem Erdenfeuer. Verbinde dich mit deinem Willen, deiner Kraft zu tun, was du tun musst, dir ein Ziel zu setzen, und darauf hinzuarbeiten. Nun nimm den Stab in beide Hände und lass die Kraft dieser Bilder und Gedanken in dein magisches Werkzeug hineinfließen. Imprägniere deinen Stab mit den Energien der vier Elemente (durch Berühren der Symbole und Visualisieren, wie deren Energie in den Stab fließt.)

Sprich:

„Mögest du von der Kraft der Elemente durchdrungen sein,
und mir dienen im Süden, Westen, Osten und Norden,
zwischen den Welten und in allen Welten."

Stell dir vor, wie weißblaues Licht aus deinen Handflächen in dein Werkzeug fließt und es durchdringt und einhüllt. Dann umwickle es dreimal mit einem silbernen Faden, mache drei Knoten und sprich:

„Mögest du erfüllt sein von der Mitte aus,
durch und durch, von innen und außen,
und mein Werkzeug sein. Schnur umwinde,
Kräfte binde,
Licht gespiegelt,
sei versiegelt. Durch die Kraft von drei mal drei,
der Zauber nun gewoben sein."

Bestreiche deinen Zauberstab mit Spucke, hauche ihn an, halte ihn an Herz und Lippen und präsentiere ihn Himmel und Erde. Danke den Kräften, verabschiede sie und öffne den Kreis.

Kelch – Weihe

Du brauchst:
Deinen Kelch • Symbole für die vier Elemente (Gefäß mit Salzwasser • Kristall • Kerze • Feder ...)
Erdung • Reinigung mit Salzwasser • Rufen der Elemente • geweihte Kerze in der Farbe des Elements Wasser: blau – türkis

Meditation zum Wasserelement

Verbinde dich mit deinem Atem, Stell dir vor, du stehst vor einem riesigen Regenbogen und gehst langsam durch die verschiedenen Lichtfarbenfelder von Rot über Orange – Gelb – Grün – Blau – Indigo bis Violett.

Als du aus den Lichtfeldern heraustrittst, bist du an einem Strand in der Abenddämmerung. Die Sonne geht gerade unter und du hörst das Rauschen der Wellen und schaust dem Spiel der Delphine vor der Brandungslinie zu. Verbinde dich mit dem Wasserelement. Tauche tief in den Bereich deiner Gefühle ein. Mache dir bewusst, dass die Fähigkeit zu fühlen dich mit deiner Intuition, mit deiner inneren Stimme, verbindet. Erkenne deine Fähigkeit zu tiefen Gefühlen und den Mut, nach ihnen zu leben, um dich deinem höchsten Potential entsprechend zu entwickeln. Spüre, wie das Wasser dich reinigt, erfrischt und stärkt.

Nun nimm deinen Kelch in beide Hände und lass die Kraft dieser Bilder und Gedanken in dein magisches Werkzeug hineinfließen. Imprägniere deinen Kelch mit den Energien der vier Elemente (durch Berühren der Symbole und Visualisieren, wie deren Energien in den Kelch fließen.)

Sprich:

„Mögest du von der Kraft der Elemente durchdrungen sein,
und mir dienen im Süden, Westen, Osten und Norden,
zwischen den Welten und in allen Welten.“

Stell dir vor, wie weißblaues Licht aus deinen Handflächen in dein Werkzeug fließt und es durchdringt und einhüllt. Dann umwickle es dreimal mit einem silbernen Faden, mache drei Knoten und sprich:

„Mögest du erfüllt sein von der Mitte aus,
durch und durch, von innen und außen,
und mein Werkzeug sein.
Schnur umwinde, Kräfte binde,
Licht gespiegelt,
Sei versiegelt.
Durch die Kraft von drei mal drei,
der Zauber nun gewoben sein.“

Bestreiche deinen Kelch mit Spucke, hauche ihn an, halte ihn an Herz und Lippen und präsentiere ihn Himmel und Erde. Danke den Kräften, verabschiede sie und öffne den Kreis.

Erdsymbol – Weihe

Du brauchst:
Dein Erdsymbol • Symbole für die vier Elemente (Kelch mit Salzwasser • Kristall • Kerze • Feder ...)
Erdung • Im Erdenfeuer • Reinigung mit Salbei oder Salzwasser • Rufen der Elemente • geweihte Kerze in der Farbe des Elements Erde: grün

Meditation zum Erdelement

Verbinde dich mit deinem Atem, Stell dir vor, du stehst vor einem riesigen Regenbogen und gehst langsam durch die verschiedenen Lichtfarbenfelder von Rot über Orange – Gelb – Grün – Blau – Indigo bis Violett.

Wenn du aus den Lichtfeldern heraustrittst, siehst du eine grüne Hügellandschaft vor dir, mit einigen Flecken Wald und Buschwerk. In einiger Entfernung türmen sich Berge und Felsformationen auf, die blau schimmern durch den Abenddunst. Mit dem letzten Licht des Tages siehst du die Waldtiere aus dem Dickicht treten, um auf den Wiesen zu weiden. Es wird dunkel. Kein Mond erleuchtet die Nacht, aber die Sterne funkeln umso heller und du spürst die Präsenz der Elementargeister und Pflanzendevas, die dich aufmerksam beobachten. Lade sie zu dir ein, biete ihnen mitgebrachte Geschenke an und teile ihnen dein Vorhaben mit. Bitte sie, ihre Energien mit in dein Erdsymbol hineinzugeben. Verbinde dich mit der Kraft der Berge und Wälder, spüre den festen Boden unter dir und sieh dich geborgen in den Armen der Großen Mutter.

Nun nimm dein Erdsymbol in beide Hände und lass die Kraft dieser Bilder und Gedanken in dein magisches Werkzeug hineinfließen. Imprägniere deinen Stein/deine Holzscheibe mit den Energien der vier Elemente (durch Berühren der Symbole und Visualisieren, wie deren Energien in den Stein fließen.)

Sprich:

„Mögest du von der Kraft der Elemente durchdrungen sein,
und mir dienen im Süden, Westen, Osten und Norden,
zwischen den Welten und in allen Welten."

Stell dir vor, wie weißblaues Licht aus deinen Handflächen in dein Werkzeug fließt und es durchdringt und einhüllt. Dann umwickle es dreimal mit einem silbernen Faden, mache drei Knoten und sprich:

„Mögest du erfüllt sein von der Mitte aus,
durch und durch, von innen und außen,
und mein Werkzeug sein.
Schnur umwinde,
Kräfte binde,
Licht gespiegelt,
Sei versiegelt.
Durch die Kraft der von drei mal drei,
der Zauber nun gewoben sein."

Bestreiche dein Symbol mit Spucke, hauche es an, halte es an Herz und Lippen und präsentiere es Himmel und Erde. Danke den Kräften, verabschiede sie und öffne den Kreis.

Natürlich kannst du dich auch mit den Geistwesen der Dunkelheit verbünden. Hier sind die alten Märchen und Geschichten ebenfalls aufschlussreich. Ein Pakt mit dem Teufel ging immer zum Nachteil des Menschen aus, außer, er schaffte es, ihn zu überlisten. Die Dunkelmächte haben ihren Sinn und ihre Berechtigung, nur sollte jeder wissen, dass es keine fairen Verträge oder verbindlichen Abmachungen mit ihnen gibt. Die „Helfer" der dunklen Seite neigen dazu, für ihre „Dienste" Forderungen zu stellen, die immer extremer werden, und damit treiben sie ihre scheinbaren Herren in den Wahnsinn.

Echte Verbündete verkehren miteinander auf einer vertrauensvoll-freundschaftlichen Ebene, auch wenn sie aus verschiedenen Dimensionen kommen.

7. Zauber

Inzwischen ist es Hochsommer, Zeit der Üppigkeit, der feuchten Wärme und lauen Nächte, in denen die Glühwürmchen tanzen. Köstlich ist es, barfuß durch den Park zu laufen und den süßen Duft der Nachtblumen einzuatmen.

Die Vormittage sind gut zum Sammeln der Heilkräuter und Sommerpflanzen, die in dieser Zeit ihre größte Kraft besitzen. Schattig getrocknet, können sie in Teedosen und Gläsern aufbewahrt oder frisch verarbeitet werden, beispielsweise mit Öl angesetzt als Pflanzenölauszug. Die Blüten und Blätter im Glas einfach mit Olivenöl aufgießen und drei bis vier Wochen in der Sonne stehen lassen. Das geht gut mit Ringelblumen und Johanniskraut, das durch diesen Prozess zum Rotöl gegen Sonnenbrand und andere Verbrennungen wird. Auch einfach als Körperöl ist es heilsam und wohltuend. Besorge dir ein gutes Kräuterbuch und mach dich auf in die Wiesen am Stadtrand. Johanniskraut und andere Heilpflanzen wachsen an Bahndämmen, am Feldrand und auf verwilderten Grundstücken. Falls du einen Balkon hast, kannst du vieles auch in Töpfen ziehen. Umgib dich mit duftenden Blumen und Gräsern und genieße die Sinnlichkeit, die der Sommer verströmt.

Du kannst sogar Bach-Blüten-Essenzen selbst herstellen, wenn du die Blüten in Quellwasser legst und vierundzwanzig Stunden in der Sonne stehen lässt. Nimm dazu ein helles Glas und spann etwas Gaze darüber. Dann gibst du den abgeseihten Blütenauszug in ein kleines braunes Fläschchen und konservierst ihn mit Alkohol (guter Brandy oder einfach klarer Korn). Stark duftende Pflanzen wie Lavendel, Minze, Salbei und Melisse kannst du zu Duftkissen verarbeiten, die dir im Winter die Erinnerung an den Sommer wiederbringen.

Das Jahresfest dieser Zeit ist die Sommersonnenwende, der längste Tag des Jahres, und zugleich ein Abschied, denn danach beginnt, wenn auch zunächst nur unmerklich, wieder der Abstieg in die Dunkelheit. Dir das bewusst zu machen, erlaubt dir, den Sommer intensiver zu genießen. In unserem Klima vollzieht sich der ständige Wechsel der Jahreszeiten. Und die Dunkelheit zu akzeptieren bedeutet, die Ganzheit auch in dir selbst anzunehmen. Die Dunkelheit in uns, das sind die Schattenbereiche, die Eigenschaften und Glaubenssätze, die wir selbst nicht in uns wahrnehmen, die aber im Unbewussten wirken und unser Leben beeinflussen. Diese Dinge allein zu erkennen ist nicht leicht, sie allein aufzulösen noch schwerer. Such dir für diese Arbeit eine vertrauenswürdige Fachfrau.

Am schönsten ist es, das Fest der Sonnenwende an einem lauschigen Platz, vielleicht einem abgelegenen Badesee, auf jeden Fall in der freien Natur zu verbringen, allein oder mit guten Freunden unter dem Sternenhimmel. Begrüße die aufgehende Sonne mit einem kleinen Ritual. Alle Sonnensymbole kannst du verwenden, von Sonnenblumen bis zu selbst gebackenen Sonnenkeksen. Öffne dich der Kraft der aufgehenden Sonne. Atme sie ein, bis dein ganzer Körper erfüllt ist von Lichtenergie. Sieh dich selbst leuchten, wie die Sonne! Singe ein Lied für die Sonne, tanze, tue, was immer dein Herz tun möchte.

Vielleicht fühlst du dich in dieser Zeit bereit, deinen ersten Zauber zu versuchen. Zauber sind Rituale, an denen die Konzentration und alle Sinne und Gefühle beteiligt sein sollen, um einen Impuls im Universum zu setzen.

Vorweg gleich ein Wort zu den beliebten Liebeszaubern: Wenn du im Sinn hast, einen bestimmten Menschen durch Zauber an dich zu binden, sage ich dir gleich: "Lass es!" Welche Liebe ist wertvoll, die nicht freiwillig geschenkt wird? Du kannst alle Künste verwenden, um ihn oder sie zu verführen, aber hüte dich vor einem Binde-Zauber! Ich habe in meinem Bekanntenkreis einige Beispiele erlebt, und du kannst mir glauben, es ist leichter, einen solchen Zauber zu wirken, als jemanden loszuwerden, der dir an der Backe klebt.

Wie wäre es mit einem Zauber für Gesundheit, Kraft und Schutz mit Hilfe der Naturenergien?

Zauber

Vorbereitung

Du brauchst:
Vier Kerzen in den Farben der Elemente – Weiß, Rot, Blau und Grün;
ein Stück Stoff (zehn bis fünfzehn Quadratzentimeter) in Grün;
ein Stück Stoff in Gold;
einen goldenen Faden – ein goldenes Band;
ein Stück Alraunwurzel;
einen kleinen schwarzen Turmalin;
einen kleinen Granat;
einen kleinen Bernstein;
ein wenig Johanniskraut;
weißen Salbei oder Beifuß;
ein paar Tropfen Rosenöl oder ein Gemisch aus Rosenöl; *Angel*, oder deinen Lieblingsdüften.
Vielleicht noch eine Rassel oder kleine Trommel.

Durchführung

Bilde den magischen Kreis. Reinige dich mit einer Räucherung und rufe die Kräfte der Elemente herbei. Luft für klare Gedanken und Leichtigkeit – Feuer für Wärme, Kreativität und Lebenskraft – Wasser für gute Intuition und Gefühle – Erde für Ausdauer, Schutz und Regeneration Bitte die Energien in den Kreis, die dir vertraut sind, und bei denen du das Gefühl hast, sie sind für diese Wünsche ansprechbar. Die Sonne, die Große Mutter, die Göttin ... – deine Verbündeten. Singe für sie, rezitiere ein Gedicht, es ist nichts festgeschrieben!

Stell dir intensiv vor, dass alle Energien jetzt bei dir versammelt sind. Spüre ihre Anwesenheit und beginne mit dem Zauber: Leg die Stoffquadrate vor dich hin, das goldene Quadrat unten, das grüne dir zugewandt. Lege die Steine in die Mitte. Schwarzer Turmalin für Schutz, Granat für Energie und Bernstein für Lebensfreude und Gesundheit. Darüber streust du die Kräuter: Alraune für Schutz, Salbei fürs Immunsystem und die Gesundheit und Johanniskraut für Lebensfreude. Gib ein paar Tropfen der ätherischen Öle darüber und besinge die Symbole, rassele oder trommle deine Freude und die Kraft der versammelten Energien in die Mischung hinein.

Dann mach ein Säckchen aus den Stoffstücken, binde es mit dem goldenen Faden zu, indem du ihn dreimal herumwickelst, dreimal verknotest und dann dreimal anhauchst. Nimm nun mit deinem Atem die im Kreis konzentrierten Energien in dich auf, und verbinde dich mit der Erde und dem Kosmos. Visualisiere, wie weißblaues Licht aus deinen Handflächen strahlt und das Zaubersäckchen durchflutet und umhüllt. Dann versiegelst du die Kräfte mit dem Zauberspruch:

„Schnur umwinde –
Kräfte binde –
Licht gespiegelt – Sei versiegelt.
Durch die Kraft von dreimal drei
der Zauber nun gewoben sei!“

Verabschiede die Helfer und Kräfte, die vier Elemente, bedanke dich und löse den Kreis.

Du hast jetzt einen geweihten, magisch aufgeladenen Zaubertalisman für Gesundheit, Kraft und Schutz hergestellt. Du kannst ihn bei dir tragen, über's Bett hängen oder an einem Lederband um den Hals.

Dieser Zauber ist ein Beispiel für andere mögliche Rituale dieser Art, etwa um den Geldfluss anzuregen oder Liebesglück anzuziehen. Überlege dir genau, was du willst, und überdenke die Konsequenzen, wenn dein Zauber sich erfüllen sollte! Du übernimmst, ob du es willst oder nicht, die volle Verantwortung für deine Wünsche, Gedanken und Handlungen! Alles, was du aussendest, kommt zu dir zurück. Wenn dir der Sinn danach steht, tiefer in die Kunst des Zauberns einzudringen, musst du furchtlos sein und dich mit den Geistern der Wesen und Dinge vertraut machen.

Die Helferkräfte wollen eingeladen werden durch entsprechende Farben, Symbole, Kräuter, Öle oder Steine, Töne oder andere Zutaten. Wähle aus den Tabellen das Passende aus, aber spür auch immer selbst hinein, ob das für dich stimmt. Auch den richtigen Zeitpunkt zu wählen ist nicht unwichtig. Mondphase, Planetenenergie und Wochentag sind aufeinander abzustimmen. Es gibt viele andere „Rezepte“, schau, was dich anspricht und dir entspricht. In einigen sind seltene Kräuter und teure Öle genannt, aber es gibt immer günstige Alternativen. Wenn du keine Alraunwurzel auftreiben kannst, tut es auch eine

Johanniskrautwurzel oder sogar Löwenzahn. Mit einiger Übung kannst du auf deine Intuition zurückgreifen.

Das gilt aber nur für Rituale der weißen Magie, bei der du von wohlwollenden Energien umgeben bist. Die bei Männern beliebten Zauberbücher und Techniken schreiben exakte Zeit, Sigille, Zahl und Zeremonie, Text und Sprüche vor, weil bei Fehlern und Fahrlässigkeiten schnell eine Psychose auftreten kann (Besetzung durch ein negatives Astralwesen). Ich habe kein Verlangen danach, mir irgendwelche Astraldämonen untertan zu machen. Mir geht es darum, in Harmonie mit den Naturkräften, innen und außen, zu sein, mit den Wesen dieses Planeten, im Energiefluss mitzuschwimmen und meine Träume zu verwirklichen, ohne andere auszubeuten oder zu manipulieren.

8. Schnitterfest

Um den zweiten August herum feiern wir das Schnitterfest (Lugnasad nach Lug, dem keltischen Sonnengott). In diesem Ritual wird der Sonnengott, dessen Kraft ins Korn eingegangen ist, symbolisch geopfert. Das Korn wird geschnitten, die Ernte beginnt. Doch noch ist nicht gesichert, wie sie ausgeht. Noch können Unwetter die Felder und Ernte vernichten. Im übertragenen Sinn kannst du auch die Früchte deiner Anstrengungen für deine Ziele und Vorhaben darin sehen. Im Kreislauf des Lebens ernährt eine Spezies eine andere. Es ist die Zeit, sich mit dem Thema Tod und Opfer auseinanderzusetzen. Im Allgemeinen haben wir kein Bewusstsein dafür, dass wir die Pflanzen „töten", wenn wir sie ernten. Das sehen wir vielleicht noch bei den Tieren so. Aber auch Pflanzen leben und tragen Bewusstsein. Es tut gut, wenigstens ab und zu den Wesen, von denen wir uns ernähren, zu danken und ihr Opfer zu würdigen.

Unsere Vorfahren haben aus diesem Grund dem Kornkönig ein eigenes Fest gewidmet. Als Volkstradition ist das Erntedankfest davon zurückgeblieben, am Ende der Erntezeit. Die traditionellen Ureinwohner Amerikas bitten jede Pflanze um Erlaubnis, bevor sie eine schneiden, und opfern etwas Tabak für die Geistwesen. Auch bei uns war es früher üblich, den guten Geistern des Hauses oder Hofes Milch oder Speisegaben zu reichen. Baumgeister wurden umzusiedeln versucht. Man bot einen jungen Ersatzbaum an, bevor man einen Baum fällte. Wir glauben, wir haben das Recht, uns zu nehmen, was wir für's Leben brauchen, ohne einen Gedanken an die edlen Spender oder gar eine Gegengabe anzubieten.

Im Ritual des Schnitterfestes ehren wir den Gott, der sich „opfert", die Lebenskraft, welche die Menschen ernährt. Doch sein Tod ist nicht endgültig. So wie das Leben niemals stirbt, so stirbt auch die Sonne nicht wirklich. Ihre Kraft nimmt ab, die Tage werden kürzer, die Dunkelheit triumphiert, aber sie erneuert sich wieder in der Nacht der Wintersonnenwende, wo sie als Lichtkind wiedergeboren wird. Für die Menschen, die in der Tradition der Erde verankert sind, ist der Tod kein Feind. Er ist ein Teil des Lebens in dieser Welt. Es gilt nicht, ihn zu besiegen oder zu verdrängen, denn er ist das Tor zur jenseitigen, geistigen Dimension, so wie die Geburt das Tor zur materiellen Welt ist.

Früher wäre jemand, der Vorräte für mehrere Winter zusammenrafft, obwohl er sie nicht verbrauchen kann, als krank angesehen worden. Das Prinzip des Teilens sicherte der Gemeinschaft das Überleben. Die ethische Einstellung der Naturvölker, immer nur so viel zu nehmen, wie sie gerade benötigen, ist einerseits ein Zeichen von Respekt vor den Dingen und Wesen, andererseits ein Beweis des Vertauens an die Große Mutter und den Göttlichen Vater. Wie war das mit den Vögeln des Himmels, die nicht säen und ernten?

Achtsamkeitsübung

Nimm dir vor, jeder Pflanze und Blume zu danken, wenn du sie pflückst. Gib etwas als Gegengabe für ihr Geschenk. Das kann eine kleine Münze sein. Tabak, ein kleiner Stein, ein Stück buntes Band ... Es geht nur darum, dir bewusst zu machen, dass ein Ausgleich für das Nehmen stattfinden muss.

Einüben eines neuen Musters

Nimm dir vor, jedem Wesen, das dir heute begegnet, etwas zu schenken. Mache es dir zur Gewohnheit, nie zu einem Ort, in ein Haus zu gehen, ohne ein Geschenk mitzubringen. Beobachte, was geschieht.

Meditation

Meditiere darüber, was für dich persönlich ein Opfer ist. Spüre hinein, ob das Wort oder Gefühl eine negative oder ablehnende Reaktion auslösen. Suche meditativ das geeignete Opfer für deinen gegenwärtigen Zustand.

9. Opfer

Das Gesetz von Geben und Nehmen ist überall in der Natur, im ganzen Kosmos zu erkennen. Wir können nicht erwarten, immer nur zu bekommen, ohne etwas dafür zu geben. Andererseits ist es auch wichtig, annehmen zu können, da sonst der Energiefluss blockiert ist. Wenn du es dir zur Gewohnheit machen kannst, etwas aus deinem Besitz zu opfern, kannst du erstaunliche Erfahrungen machen. Es ist eine gute Übung, ab und zu etwas wegzugeben, was du wirklich gern magst.

Wir haben heute kaum noch eine Beziehung zum „Opfern". Entweder erinnert es uns an verstaubte Kirchenerlebnisse aus der Kindheit (der Opferstock), oder weckt unangenehme Phantasien über Rituale mit Tier- oder Menschenopfern. Blutopfer sprechen die Bewohner der astralen Ebene an, und diese wollen dann oft mehr davon. Die Energien, mit denen die weiße Magie arbeitet, verlangen kein Opfer dieser Art. Vielmehr geht es darum, die unerlösten Teile des „kleinen Ego" hinzugeben für das große Ganze. Gib schlechte Angewohnheiten auf, und du erfreust die lichtvollen Geister. Schenke spontan aus dem Gefühl heraus. Gib auch einmal nicht nur Brosamen, sondern etwas für dich Wertvolles. Unsere Vorfahren opferten ihren Göttern regelmäßig wertvolle Waffen, Haushaltsgeräte, Speisen und Tiere. Bei Koblenz gibt es einen alten Kultplatz auf einem Tafelberg. Dort wurden riesige Mengen von Waffen und Tonkrügen gefunden, welche die Kelten dort gemeinsam mit ihren Nachbarn, römischen „Einwanderern", opferten. Ich habe einmal eine kupferne Klangkugel in unseren lokalen Frau Holle-Teich versenkt, um den Wassernymphen eine Freude zu machen. Jener Tag und Ort sind mir in starker, positiver Erinnerung geblieben. Aus dieser Erinnerung strömt auch noch heute Kraft zu mir.

Ein Geschenk ist auch ein liebevoller Gedanke, ein guter Wunsch, ein Segen, den du im Geist für die Wesen und auch für Situationen, die dir begegnen, denkst. Aus dieser Haltung und Gewohnheit werden dir Freude, Glück und hilfreiche Energien zufließen.

In Kathmandu beobachtete ich einen schönen Brauch. Vor Sonnenaufgang, bevor die Menschen ihren Geschäften nachgehen, besuchen sie ihre jeweiligen Tempel und Heiligtümer und bringen Opfergaben mit. Butterlämpchen, Räucherstäbchen und Blumen für ihre Götter und Futter für die Tiere, die in der Stadt leben: Tauben, Straßenhunde, und die heiligen Kühe und Affen. An einer Wegkreuzung stand mein Lieblingsbaum, ein heiliger Baum. Er war als Samen in einen kleinen Straßenschrein verschlagen worden und zu einem mächtigen Baum herangewachsen. Als ich einmal festsaß in Kathmandu, ging ich morgens oft dorthin und brachte Räucherstäbchen und Früchte mit. Die hinduistischen Gläubigen waren erstaunt, eine Ausländerin beim Opfern zu sehen. Räucherstäbchen benutzen Weiße doch nur, damit es bei ihnen zu Hause gut riecht! Das trifft es so ziemlich genau. Wer benutzt Räucherstäbchen, um die Geister zu „füttern“?

Die meisten von uns haben das Gefühl für Geben und Nehmen verloren. Man spendet für wohltätige Zwecke, das ist das moderne Opfer. Spür selbst hinein, welche Qualität die jeweilige Haltung hat.

Schenken ist ja bei uns schon fast zu einem Problem geworden. Geschenkt wird auf Kommando, zu festgelegten Zeiten und Feiertagen. Eine riesige Geschenkeindustrie, Werbung und Wirtschaft programmieren uns auf immer mehr Wünsche und immer höhere Erwartungen. Grässlich wird es, wenn du schenken musst und dir fällt nichts ein. Du hast gar keine Lust, Zeit, Energie und Geld zu investieren, um diesem Menschen ein Geschenk zu machen, fühlst dich aber dazu verpflichtet. Hier führt sich das Schenken *ad absurdum*. Die Energie und Idee des Schenkens wird pervertiert. Ein echtes Geschenk sollte aus dem Wunsch entstehen, eine Freude machen zu wollen, und hat nichts mit dem materiellen Wert zu tun.

Meine Freundin Anja, die in Berlin in einem Studentenheim wohnt, erzählte mir folgende Geschichte:

In diesem Haus gibt es eine Tradition: Am ersten Advent ziehen alle, die bei diesem Spiel mitmachen wollen, einen Namen aus einer Box und werfen einen Zettel mit ihrem Namen hinein. Die Person, die du gezogen hast, wird von da an die ganze Adventszeit hindurch von dir „bewichelt". Zwei bis drei mal pro Woche wird ein kleines Päckchen mit diesem Namen irgendwo im Haus versteckt. Alle sind in dieser Zeit besonders achtsam und geheimnisvoll. Der Spaß dabei sind hauptsächlich die einfallsreichen Verstecke und Verpackungen. Einmal fand Anja frühmorgens eins vor ihrem Fenster baumeln. Beim Erzählen strahlte sie wieder die Freude aus, die ihr das Ganze gemacht hatte. Außerdem gab es im Haus noch eine Wichtelwand, wo man Feedback auf die Aktionen und Geschenke öffentlich machen konnte. „Bitte keine Schokolade mehr, lieber Wichtel!" „Wow, Wichtel, woher wusstest du, dass ich mir genau so was gewünscht habe?" oder „Hey, Wichtel, machst du Winterschlaf? Hatte die ganze Woche noch kein Päckchen!" Der weitere Reiz bestand in der Forschung: Wer könnte mein Wichtel sein? Um alles noch mehr zu verwirren, gab es „Wildwichtel", die von dem ganzen Spaß so angeturnt waren, dass sie auch Leuten Päckchen packten, deren Namen sie gar nicht gezogen hatten. Jedenfalls klingt es toll, ich wäre gern dabei gewesen.

In der Tradition der nordamerikanischen Indianer gibt es den Brauch des „Give-away". Wenn ein Grund zu großer

Freude gegeben und etwas Gutes und Glückbringendes geschehen war, lud das Familienoberhaupt Verwandte und Freunde, sogar Nachbarstämme, ein, veranstaltete ein großes Fest und verschenkte wertvolle Gegenstände an die Gäste. Nach dem Motto: wenn dir etwas Gutes widerfährt, gib Gutes weiter. So wird der Energieausgleich geschaffen.

Geschenke gegenüber spirituellen Lehrern sind ebenfalls Jahrtausende alte Tradition. Milarepa, Tibets berühmtester Yogi, musste Schwerstes leisten, um überhaupt als Schüler angenommen zu werden. Sein Meister Marpa erkaufte sich das Wissen der indischen Tantriker mit Gold. In Afrika müssen SchülerInnen ihre LehrerInnen versorgen, bekochen und in allem für ihr Wohl sorgen, und in Indien verlangen viele Gurus die völlige Übereignung des Eigentums ihrer Schüler.

In der Tradition der Weisen Frauen sollte jede selbst das Gefühl dafür entwickeln, was sie als Energieausgleich für Beratung, Trost, Krisenintervention und ähnliches anbieten kann. Es muss ja auch nicht immer Geld sein. Du solltest nur daran denken, dass alles ausgeglichen werden muss. Wenn du nur nimmst, nur immer bedürftig, in Not und krisengeschüttelt bist, stimmt vielleicht etwas mit dem Ausgleich nicht.

Manchmal erlebe ich Dinge, die ich kaum glauben kann. Einmal war eine junge Frau in einem meiner Kurse, die sich von Anfang an über ihre finanzielle Situation beklagte. Die Kursgebühr, die lächerlich gering war, konnte sie angeblich nicht zahlen, und nach zwei Monaten blieb sie weg, ohne Abmeldung, und natürlich, ohne bezahlt zu haben. Nach weiteren zwei Monaten tauchten Zettel auf, in denen sie selbst Kurse als Hexe anbot. Eine solche Einstellung bringt keinen Segen und Erfolg.

Im Ritual der Herbst - Tagundnachtgleiche geht es um Balance und Ausgleich. Wir haben einen wunderbaren

Sommer genossen, wir haben die Früchte der Felder und Gärten geerntet. Dafür sollten wir einen Ausgleich bringen. Auch auf den inneren Ebenen müssen wir zu einer Balance finden und uns auf das niedergehende Jahr einstellen.

Im Ritual kannst du darüber nachdenken, was du in diesem Jahr „gesät und geerntet" hast. Wenn es dir gelingt, Dankbarkeit für deinen Erfolg aber auch für schmerzhafte Lehren zu entwickeln, kannst du ausgeglichen und gestärkt in die dunkle Jahreszeit hineingehen. Es ist inspirierend, unter Singen und Lachen oder Erzählen von magischen Geschichten einen Zopf aus Wollfäden zu flechten, in den hinein du Symbole arbeiten kannst, die dich an schöne Erlebnisse erinnern, an tiefe Lehren oder andere Geschenke des Jahres. Dieser Zopf kann als Amulett benutzt werden, als Kraft-Haarband oder als „roter Faden", der dich durch die Dunkelheit des Winters leiten kann. Für mich heißt er „Zaubergarn" und findet vielerlei Verwendung von der Verzierung von Rhythmusinstrumenten, bis zur Geschenkverpackung. Das Zaubergarn des alten Jahres verschenke ich auch gern an Bäume und binde es in ihre Zweige.

10. Hexenküche

Kräuter und Pflanzen sind getrocknet, Samen und Wurzeln gesammelt. Jetzt kommt die Zeit, sie zu verarbeiten. Solltest du den ganzen Sommer am Badesee hängen geblieben sein, verzeih dir! Schließlich kannst du fast alles auch in einschlägigen Läden kaufen, was du an Kräutern, Wurzeln und Ölen für deine Hexenküche brauchst. Nur auf den Spaß des Entdeckens und der Verarbeitung der Pflanzen musst du dann verzichten. Vieles wächst im Garten und sogar im Topf auf dem Balkon, deshalb kannst du dir deine Lieblingskräuter immer selbst ziehen; und damit lernst du die Pflanze wirklich kennen.

Wasser und Alkoholauszüge stellst du her, indem du die Pflanzenteile entweder mit heißem Wasser überbrühst, wie Tee, oder drei Tage in Alkohol einlegst und dann abseihst. Ansonsten brauchst du:

- Eine Briefwaage,
- zwei Glasgefäße zum Schmelzen im Wasserbad,
- ein Thermometer,
- einen Glas-Rührstab und ein bisschen Phantasie.

Für Cremes und Balsame kaufst du dir in einem Spinnradladen Bienenwachs, Lanolin und/oder Tegomuls, da gibt es auch die Gefäße und andere Geräte.

Beschränke dich am Anfang am besten auf eine Creme, ein Balsam, ein bis zwei Körperöle und zwei, drei Tinkturen. Da wir hier ohne Konservierungsmittel arbeiten, verbraucht sich eine größere Menge zu langsam. Oder du machst gleich eine größere Menge zum Verschenken. Getrocknete Kräuter und Wurzeln kannst du wie Tee in Dosen oder Gläsern aufbewahren. Nach Belieben werden sie dann für Duftkissen, Tees oder Räucherungen zusammengemischt.

Heilkräutertees sind dazu da, um zu heilen und nicht für den täglichen Gebrauch. Was du aber jederzeit als Frühstücks- oder Nachmittagstee nehmen kannst sind: Himbeer- Brombeer- und Erdbeerblätter, alle Melissensorten, Rosenblüten, Ringelblume, Minzen, Hagebutten, Malvenblüten und Früchte, Fenchelkörnchen, Anis, Lavendel und Lindenblüten.

Mischung zur Stimmungsaufhellung
Melisse – Lavendel – Johanniskrautblüten und Blätter

Bei Erkältung
Holunderblüten und Beeren – Thymian – Lindenblüten – Spitzwegerich

Bei Bauchweh
Minze – Fenchel – Scharfgarbe – Beifuß

Bei Kopfschmerzen
Lavendel – Minze – Melisse – Salbei

Bei Schlafstörungen
Baldrianwurzel – Lindenblüten – Johanniskraut

Du kannst auch einige Tropfen echter ätherischer Öle beigeben, das verstärkt die Wirkung. Aus einem einfachen Oliven- oder Körperöl machst du durch Beigabe entsprechender ätherischer Öle ein beruhigendes Pflegeöl oder ein anregendes Massageöl.

Massageöl
Wähle dir ein Basisöl, die Trägersubstanz. Das billigste ist Olivenöl. Es ist sehr gut für die Haut, hat aber einen starken Eigenduft, den andere Öle nicht haben, wie Mandelöl,

Nussöl oder Hanföl. Johanniskrautöl ist sehr gut, aber teuer.

In dieses Basisöl gibst du frische oder getrocknete Kräuter und lässt sie einige Tage darin ziehen (Öl-Auszug). Dann wird das Ganze abgeseiht, und du kannst es mit deinem Lieblingsduft abrunden. Jedes ätherische Öl ist dafür geeignet, nur achte darauf, dass es hundertprozentig reine Öle sind und aus biologischem Anbau. Synthetische Öle und Parfums können Allergien auslösen und haben keine heilsame Wirkung.

Balsame sind fettige Cremes und sehr gut für Lippen, Hände und Füße geeignet. Sie herzustellen ist einfach und macht Spaß. Hier ein Grundrezept, das du beliebig variieren kannst:

Balsam
Vier Teile Pflanzen – Öl – Auszug
Vier Teile Kokosfett / Kakaobutter
Ein Teil Bienenwachs

Öl und Fett werden im Wasserbad erwärmt und das Bienenwachs hineingeschmolzen. Nach dem Abfüllen in Döschen oder Töpfchen kannst du noch ein paar Tropfen deiner Lieblingsöle dazugeben. Mit Ringelblumen – Öl – Auszug bekommst du einen guten Lippenbalsam für den Winter. Cremes sind schwieriger herzustellen, aber wenn ein paar Frauen zusammen sind, wird es meist sehr lustig und phantasievoll. Für eine Creme kannst du das Öl-Fett Gemisch des Balsams als Ausgangsstoff benutzen. Diesem Gemisch muss Wasser beigemischt werden, und dafür brauchst du einen Emulgator, denn Wasser und Öl würden sich sonst sofort wieder trennen. Geeignet sind Wollfett (Lanolin) oder Tegomuls (was aber aus Rinderfett gemacht wird). Anschließend zwei Grundrezepte.

Hand Creme
Drei Teile Pflanzen – Öl – Auszug
Ein Teil Kakaobutter oder Kokosfett
Ein halbes Teil Tegomuls
Zehn Teile Pflanzen – Wasser – Auszug
Bis zu zehn Tropfen ätherische Öle

Gesichtscreme
Vier Teile Pflanzen – Öl – Auszug
Eineinhalb Teile Lanolin
Ein halbes Teil Bienenwachs
Vier Teile Pflanzen – Wasser – Auszug
Bis zu sechs Tropfen ätherischer Öle

Verarbeitung

Schmelze den Pflanzen – Öl – Auszug mit dem Emulgator, dem Bienenwachs und/oder der Kakaobutter im Wasserbad auf sechzig Grad.

Erhitze den Pflanzen – Wasser – Auszug ebenfalls auf sechzig Grad.

Bei Lanolin rührst du jetzt das Wassergemisch in das Ölgemisch.

Bei Tegomuls verschüttelst du das Gemisch zu einer Emulsion.

Nachdem das Gemisch auf ungefähr vierzig Grad abgekühlt ist, kannst du nach Belieben ätherische Öle dazugeben.

Eine Creme wird weicher durch Öl, doch leichter wird sie durch Wasser. Hast du aber zuviel Wasser dazugegeben, verbindet der Emulgator das Gemisch nicht mehr und Fett und Wasser trennen sich wieder. Mit etwas Fingerspitzengefühl wird es gelingen. Hildegard von Bingen empfiehlt für die Haut und das ganze Wohlbefinden, in den Pflanzen – Wasser – Auszug über Nacht einen Bernstein zu legen.

Verwende nur Pflanzen, die du kennst und mit deren Wirkungen du dich vertraut gemacht hast. Spektakuläre „Hexengebräus“ und Flugsalben bestehen aus hochgiftigen Pflanzen und können schwere psychische Probleme und Gesundheitsschäden verursachen. Solltest du dich dafür interessieren, studiere die einschlägige Literatur genauestens, bevor du Selbstversuche erwägst. Ätherische Öle selbst herzustellen, erfordert eine mühevolle Destillation und eine teure Ausrüstung. Fast alle Öle kannst du kaufen. Im Folgenden gebe ich eine Tabelle, die dir bei der Zusammenstellung deiner Rezepte helfen sollen:

Pflanze / Öl	Planet	Element	Magische Eigenschaft	Spirituelle Qualität
Alraune	Merkur	Feuer	Schutz,Liebe,Fruchtbarkeit	Macht, Kontrolle über spirituelle Energie
Anis	Jupiter	Luft	Reinigung, Schutz	Balance, harmonisierend
Apfel Blüte	Venus	Wasser	Glück, Liebe	erhebend, erfrischend
Bay	Sonne	Feuer	Schutz, Reinigung	fördert psychische Kraft
Bergamotte	Sonne	Feuer	Geld	Mut, Heiterkeit, Fülle
Birke	Venus	Wasser	Schutz, Reinigung	bringt Kühle,Beruhigung
Drachenblut	Pluto	Feuer	Schutz, Vertreibung	Kontrolle über spirituelle Energie
Eisenkraut	Venus	Erde	Reinigung, Schutz	beruhigt, fördert Konzentration
Eukalyptus	Mond	Wasser	Schutz, Heilung	anregend, fördert Konzentration
Geissblatt	Saturn	Erde	Wohlstand, Schutz	entspannend, beruhigend
Geranie	Venus	Wasser	Liebe, Fruchtbarkeit	Heiterkeit, Ruhe, Balance
Grapefruit	Sonne	Luft	Schutz, Heilung	stimmungsaufhellend
Heidekraut	Venus	Wasser	Glück, Schutz	schenkt Optimismusund Klarheit
Ingwer	Mars	Feuer	Macht, Liebe, Reichtum	Wärme, Kraft, Abwehr negativer Energien
Jasmin	Mond	Wasser	Geld, Liebe, Träume	spirituelle Liebe, sensibilisierend

Pflanze / Öl	Planet	Element	Magische Eigenschaft	Spirituelle Qualität
Kamille	Mond	Wasser	Liebe, Reinigung	bringt Entspannung und Ruhe
Kampfer	Mond	Wasser	Hellsehen	unterstützt Klarheit
Lavendel	Merkur	Luft	Liebe, Friede, Reinigung	beruhigend, ausgleichend
Majoran	Merkur	Luft	Glück, Wohlstand, Liebe	entspannend, aufbauend
Mandel	Merkur	Luft	Wohlstand	fördert Weisheit
Minze	Merkur	Luft	Reise, Leidenschaft, Abwehr	erfrischend, fördert Klarheit,Konzentration
Mistel	Sonne	Luft	Abwehr, Fruchtbarkeit,Schutz	löst Negativität auf
Mohn	Mond	Wasser	Schlaf, Glück, Fruchtbarkeit	induziert Intuition u. prophetische Träume
Muskatnuss	Saturn	Feuer	Glück, Treue, Wohlstand	stärkend, intensiviert Träume
Myrrhe	Mond	Wasser	Schutz, Reinigung	stimuliert 6. und 7. Chakra
Nelke	Sonne	Feuer	Schutz, Segnung	schenkt Kraft und Anregung
Orange	Sonne	Feuer	Liebe, Glück, Wohlstand	fördert Entspannung,Sinnlichkeit
Orangenblüte	Sonne	Feuer	Erfolg, magnet. Anziehung	antidepressiv, stimuliert 2. u. 4.Chakra
Passionsblume	Venus	Wasser	Freundschaft	schenkt Frieden
Patchouli	Saturn	Erde	Wohlstand, Leidenschaft	aphrodisierend

Pflanze / Öl	Planet	Element	Magische Eigenschaft	Spirituelle Qualität
Pinie	Mars	Feuer	Schutz,Reinigung	stärkend,reinigend,regenerierend
Rose	Venus	Wasser	Liebe, Friede, Hellsichtigkeit	stärkt Geist und Herzchakra,ausgleichend
Tuberose	Sonne	Feuer	Schutz, Liebe, Aphrodisiaka	zentriert Gefühle, veredelt den Charakter
Vanille	Venus	Wasser	Leidenschaft, mentale Kräfte	entspannend, nervenberuhigend
Wacholder	Sonne	Feuer	Reinigung, Schutz	zentrierend, stimmungsaufhellend
Walnuss	Sonne	Feuer	Wünsche	fördert mentale Kräfte
Weihrauch	Sonne	Feuer	Schutz, Reinigung	Sensibilisierung, Ruhe
Ylang-Ylang	Venus	Wasser	Liebe, Ruhe, Friede	aphrodisierend, entstressend, magnetisierend
Zeder	Sonne	Feuer	Schutz, Heilung	schenkt Trost und Kraft
Zimt	Sonne	Feuer	Macht, Liebe	fördert Kreativität, schenkt Heiterkeit
Zitrus	Sonne	Luft	Heilung, psych.Kraft	schenkt Klarheit und Konzentration
Zypresse	Saturn	Erde	Langlebigkeit,Schutz	fördert Struktur und Klarheit

11. Ahnen

Samhain oder Halloween am 31. Oktober ist das Fest der Verstorbenen. Die Dunkelheit regiert, und in dieser Nacht sind die Schleier zwischen den Welten dünn. Heute assoziieren die meisten Halloween mit amerikanisierter Zombieparty und zähnefletschenden Kürbissen. Das ist eine Verzerrung der Überlieferung. Für unsere Vorfahren war es das Fest der Ahnen. Es gibt noch viele Orte auf der Welt, wo die Verehrung der Ahnen zur lebendigen Kultur gehört. In Asien, Afrika, Australien und in einigen Gegenden Europas und den beiden Amerikas, in denen die Menschen noch mit ihren ursprünglichen Kulten verbunden sind, werden die Ahnen geachtet.

Die Ahnen sind unsere verstorbenen Vorfahren, die weitergegangen sind in den geistigen Reichen und uns mit einem Teil ihrer Energie helfen oder beschützen. Wir sind karmisch mit ihnen verbunden. Sie haben uns ihre Gene und ihr Wissen in den Zellinformationen vererbt. Dafür soll ihnen zumindest an diesem besonderen Tag gedankt werden.

Es gibt den Brauch, in dieser Nacht ein Gedeck mit Kuchen und Wein und eine brennende Kerze ins Fenster zu stellen (oder auf den Ahnenaltar, wenn du so etwas einrichten möchtest). Die Speisen werden am nächsten Morgen in die Natur gebracht, der Wein auf die Erde gegossen. Feiere ein Fest für deine Ahnen, indem du an sie denkst, eine schöne Geschichte über sie erzählst oder ihnen dankst für das, was sie dir vererbt haben: deine Talente, Fähigkeiten ...

Suche dir einen alten schönen Topf oder einen Krug und stelle dir deinen eigenen Ahninnentopf her. Mit deiner Energie und Absicht aufgeladen, wirkt das Gefäß als Tor zur anderen Realität. Es wird mit Erde und Sand etwa zur Hälfte gefüllt. Muscheln oder Steine von Kraftorten oder besonderen Plätzen, wo du dich wohlgefühlt hast, kommen ebenfalls hinein. In meinem Topf sind außerdem noch Symbole für Wohlstand und Glück (Münzen, vergoldete Nüsse etc.), und ab und zu eine Süßspeise für die Ahninnen, wie eine Dattel oder Praline. Dieser Topf hat mir schon des öfteren einen guten Dienst erwiesen. Einmal schrieb ich nur: Geldsegen – dringend – bitte! und erhielt eine Woche später aus heiterem Himmel eine kleine Summe, die genau reichte, um die unerwartete Zahlung zu decken. Auch bei der Lösung von Konflikten mit Ämtern hat sich der Topf bewährt.

Nun sind die Ahnen aber nicht nur dazu da, unsere Wünsche zu erfüllen. Mit den Ahnen zu leben bedeutet, den Tod weder zu verdrängen, noch als endgültig zu betrachten. Die Energien der Ahnen leben sowohl in der unsichtbaren Welt, als auch in uns selbst. Das ist eine Voraussetzung für Orakeltechniken, die entweder das Unbewusste ansprechen oder Kommunikation aus der geistigen Welt sein können.

Der Winter mit seiner Ausrichtung nach innen ist die ideale Zeit, das Orakel zu befragen. In der Nacht von Samhain wird ein Orakel für das kommende Jahr gemacht oder ein Blick in die Kristallkugel geworfen. Im vertrauten und freundlichen Kontakt mit den Ahnen kannst du Hinweise bekommen, die dir weiterhelfen.

Eine andere Sache sind Gläserrücken und spiritistische Sitzungen, um die Geister der Toten herbeizuzitieren und sie sich dienstbar zu machen. Es gibt genügend Geschichten darüber, wie so etwas ausgehen kann. Diese Praktiken öffnen die Tür für Besetzungen bis hin zur echten Besessenheit. Leider finden Jugendliche Gläserrücken besonders spannend und ahnen in ihrer Unwissenheit nicht, dass sie nur erdgebundene Geister und Astralwesen anziehen, die sich, im besten Fall, einen Spaß mit ihnen erlauben. Abgesehen davon, dass dabei kaum eine brauchbare Information herauskommt, werden die Leute die Geister, die sie riefen, nicht mehr los. Einige bekommen als Nebenwirkung solcher „Spiele“ Angstzustände und Verfolgungswahn. Angeblich glauben sie gar nicht an Geister und sehen es als Partyspaß. Aber die Geister finden einen Weg, in ihre Psyche einzudringen.

Wenn du dich schützen kannst, und dich nicht zu weit vorwagst, ist es dir möglich, Stück für Stück deine Wahrnehmungsfähigkeit der feinstofflichen Bereiche auszuweiten. Hier eine geeignete Übung für diese Zeitqualität:

Sensibilisierungsübung

Beginne immer mit der Erdung und webe das schützende Lichtnetz um dich herum. Räuchere den Raum mit Salbei und Weihrauch.

Um deine Intuition zu verstärken und dich für Botschaften zu öffnen, kannst du Übungen mit einem Kristall oder einer Wasserschale ausprobieren. Verdunkle den Raum, sodass er nur von einer oder zwei Kerzen beleuchtet wird, und schau mit verschwommenem Blick in die Schale oder Kugel. Mache dich frei von allen Erwartungen, und achte auf Gefühle und Assoziationen, die unmittelbar auftauchen. Wenn du glaubst, eine Botschaft erhalten zu haben, schreib sie auf, damit du später nachprüfen kannst, ob deine Interpretation stimmte.

Wenn du etwas „siehst“, was dich erschreckt, denk daran, dass es eher eine Warnung sein könnte als etwas, das so eintreten wird, denn es gibt keine festgelegte, unabänderliche „Zukunft“. Du bist die, die jetzt, in diesem Moment, über dein weiteres Leben entscheidet. Obwohl keine von uns sich freiwillig für eine schwere und schmerzhafte Lektion entscheiden würde, kommen die meisten nicht darum herum. Schließlich gibt es so etwas wie Karma, das Ergebnis früherer Entscheidungen und Handlungen, das wir hier auflösen und abarbeiten dürfen.

Denke auch daran, dass Menschen oft nur aus schwierigen Situationen lernen und durch Herausforderungen wachsen. Es geht nicht darum, Unangenehmes zu vermeiden, sondern bewusst und konstruktiv damit umgehen zu lernen. Im Allgemeinen bekommen wir nur das, was wir uns ausgesucht haben, und nicht mehr, als wir verkraften können. Schwere Zeiten sind eine Chance zur Veränderung und Entwicklung.

Und du bist auch nicht allein im Universum! Wenn du lernst, um Hilfe zu bitten, wirst du erleben, dass die geistige Welt dir beisteht. Sie kann aber nicht ohne deine Bitte eingreifen, denn es gilt das Gesetz des freien Willens. Je vertrauter du wirst im Umgang mit der unsichtbaren Welt der Engel und Naturgeister, umso leichter wird es dir fallen, und umso schneller wirst du den Kontakt herstellen können. Aus diesem Grund ist es wichtig, sich jeden Tag, am besten morgens nach dem Erwachen und abends vor dem Einschlafen, mit den Geisthelfern, Engeln oder anderen geistigen Begleitern zu verbinden, ihnen für ihre Arbeit zu danken, und um weitere Unterstützung zu bitten.

Die Möglichkeiten der Kommunikation reichen von rein mentalen Kontakten über unterschiedlichste Variationen des Orakels: Tarot, Runen, I Ging, Feen- und Elfenorakel, Engelkarten, indianische, tibetische ... Lass dich von dem anziehen, was die meiste Resonanz in dir hervorruft, nicht davon, was „in“ ist oder worauf deine beste Freundin schwört.

Probiere verschiedene Methoden aus. Am einfachsten ist immer noch die Technik, eine Frage zu stellen und darauf eine Karte zu ziehen. Da hast du eigentlich immer die direkte Antwort.

Schwierig wird es, wenn dir die Antwort nicht gefällt, du sie für ungültig erklärst und es noch mal versuchst, in der Hoffnung, nun eine dir angenehmere Antwort zu erhalten. Davon rate ich dir ab. Das ist genauso inflationär wie die schlechte Angewohnheit, sich jeden Tag die Karten zu legen in der Hoffnung, dass sich die Lage schon verändert hat. Wenn du verstehst, dass sich für dich nichts von allein verändert, sondern nur dann, wenn du bereit bist, „ja" sagst zu einer Herausforderung und dich ihren Anforderungen stellst, dann veränderst du dein Schicksal.

Manchmal reicht es schon, eine innere Entscheidung zu treffen, damit sich die ganze Situation energetisch verändert. Mir ist es oft passiert, dass in dem Moment, wo ich mich entschieden hatte, „die Welt" schon auf mich zukam, und viele Dinge sich ganz einfach lösten. Durch den vertrauten Kontakt mit den Ahnen und der geistigen Welt kannst du viele Hindernisse aus dem Weg räumen und dein Leben entwirren und erleichtern. Deine Intuition wird schärfer, und manche Probleme erkennst du dann bereits im voraus und kannst sie dadurch umgehen oder abschwächen. Denn es steht auch nirgends geschrieben, dass du dir alle Probleme, die sich anbieten, aufhalsen sollst.

Vorschlag

Beginne den Tag mit ausreichend Zeit und Muße. Dusche ausgiebig und stelle dir dabei vor, dass das Wasser mit goldenem Licht und Lebensenergie angereichert ist und dich innerlich und äußerlich vollkommen reinigt. Setze dich danach auf deinen Lieblingsplatz, zünde ein Räucherstäbchen und eine Kerze an als Geschenk für die guten Geister, und begrüße den Tag. Denke darüber nach, wie wertvoll dein Leben ist (selbst wenn es dir zeitweise schlecht geht oder du krank bist, wirst du Dinge in deinem Leben finden, die du schätzen kannst), verbinde dich mit Gott, der Göttin (oder was immer dir als die größte Macht im Universum erscheint) durch ein Gebet, Lied oder Tanz ... und lasse dich von der Gewissheit, dass die Liebe der Gottheit dich umhüllt, in den Tag tragen.

Sieh zu, dass du in der Mittagspause etwas Zeit dafür abzweigst, in die Natur zu gehen, dich vielleicht unter einen Baum zu setzen und alles auszuatmen, was sich bis dahin in dir an Stress, Sorgen etc. wieder angesammelt hat. Dann denke mit Anerkennung und Dankbarkeit an die geistige Welt und schwing dich darauf ein, ihre Liebe zu dir zu spüren. Schau, was sich verändert.

Bevor du schlafen gehst, bedanke dich für die Führung und Hilfe während des Tages. Gibt es eine schwierige Frage zu entscheiden, dann bitte um einen Traum oder eine Entscheidungshilfe oder ein Zeichen. Du kannst Tag und Nacht mit der geistigen Welt verbunden sein, wenn du es willst. Das ist keine Schwäche oder Unselbstständigkeit. Warum sollen wir die Möglichkeiten nicht nutzen, die uns aus der Beziehung zu den Ahnen und Engeln entstehen, wenn wir dadurch immer stärker und bewusster werden?

12. Trance

Die dunkle Jahreszeit hat auch ihre Vorzüge. Genüsslich im warmen Zimmer zu sitzen, vielleicht auch noch mit Kaminofen, in die Kerzen oder Flammen zu schauen, ist eine altbekannte Art und Weise, in Trance zu gehen. Trance ist ein großes Wort – schwierig bestimmt, denkst du.

Aber Trance ist ein Name für jeglichen veränderten Bewusstseinszustand, der vom rationalen, zielgerichteten Wachbewusstsein abweicht. Du kennst das. Wie oft saßest du irgendwo und hast ins Leere gestarrt. Dein Geist war mit etwas beschäftigt und das, was du angestarrt hast, hast du dabei gar nicht gesehen. Das war Trance!

Trancezustände entstehen spontan, wenn du zum Beispiel in die Flammen eines Feuers schaust oder auf die dunkle Oberfläche eines Teiches. Alle glatten und spiegelnden Flächen sind Tore zur Anderswelt: Spiegel, Pfützen, polierte Steine...

Ich besaß als Kind einen Ring, den ich „Rubin" nannte, weil er dunkelrot war. Wahrscheinlich war es ein Granat. Ich liebte ihn, weil ich in seinen geschliffenen Kanten, in einem bestimmten Winkel gehalten, die Spiegelung von weit entfernten Dingen sehen konnte. Als Kind war ich katholisch und musste jeden Sonntag zur Messe gehen. Wenn mir die Predigt zu langweilig wurde, drehte ich meinen magischen Rubin und sah darin die obersten Kirchenfenster. Meine Phantasie trug mich dort hinauf und dann hinaus in freie Räume, in denen ich mit Einhörnern spielte und auf Pegasus ritt. Meine Lieblingsphantasie war, dass eines Tages ein geflügeltes Pferd auf einem Sonnenstrahl zum obersten Fenster hereinfliegen und direkt vor dem Altar landen würde.

Die Leute sind verblüfft und erschrocken, der Pfarrer guckt missbilligend. Ich stehe unbemerkt auf und gehe nach vorn, schlinge meine Arme um den Hals meines

Freundes und wir fliegen zum Kirchenfenster hinaus. Auch das waren Trancen.

Es gibt diesen Zustand in allen Abstufungen bis dahin, dass du den Körper völlig verlässt, um einer anderen Wesenheit die Gelegenheit zu geben, sich darüber auszudrücken. Das nennt man Tieftrance. Für diese Arbeit muss man sich schulen lassen, denn sonst kann es zu Besessenheit und ähnlichen Phänomenen kommen.

Normale, leichte Trancen kannst du gefahrlos selbst üben. Monotone Geräusche erleichtern Tranceerfahrungen, beispielsweise ein einfacher Trommelrhythmus oder Rasseln. Vielleicht holst du dir die Rhythmen von Band oder CD. Tragende, schwebende Töne wie tibetische Klangschalen oder Gongs haben eine ähnliche Wirkung. Trance ist ein entspannter, leicht verschobener Zustand, bei dem, leichter als sonst, Erinnerungen, Botschaften und Impulse aus dem Unbewussten aufsteigen. Aus dem Heil- und Therapiebereich ist die Trance nicht mehr wegzudenken (Autogenes Training, Hypnotherapie), ebenso wie bei Rückführungen in vorherige Existenzen. Die meisten dieser Tranceformen kannst du nicht ohne einen Führer machen, der dich hineingeleitet, während der Erfahrungen begleitet und dich auch wieder aus der Trance zurückholt.

Eine einfache und selbst durchführbare Trance ist die schamanische Reise. Anleitungen dazu gibt es mittlerweile auf CD. Eine schamanische Reise ist eine bewusste Trance, bei der du die Absicht formulierst, in die Obere, Mittlere oder Untere Welt zu reisen, um innere Bilder zu sehen, Dinge über dich selbst zu erfahren oder deinem Krafttier zu begegnen. Die Reise per Band/CD hat den Vorteil, dass du die Länge der Zeit selbst bestimmen kannst, denn auf den CDs gibt es sowohl die fünfzehn- als auch die dreißigminütige Sequenz einer gleichen Trommel- oder Rasselbegleitung. Außerdem enthalten sie einen gut erkennbaren Rückruf, der dich erinnert, zurückzukehren und dich ins Normalbewusstsein zurückbringt. Du kannst aber auch für dich selbst rasseln oder dich sogar in Trance tanzen. Ich gebe dir hier ein Muster für eine schamanische Reise, die du auch allein unternehmen kannst.

Zum Verständnis: Die Untere Welt hat nichts mit dem Totenreich oder der „Hölle“ zu tun, sondern umfasst den Bereich des Unbewussten, indem sich hilfreiche Wesen, deine innere weise Frau oder dein Krafttier aufhalten. In der Oberen Welt kannst du deinen spirituellen Lehrer oder Geistführer finden und in der Mittleren Welt dich selbst bespiegeln oder Freunde besuchen.

Schamanische Reise in die Untere Welt

Sorge dafür, dass du mindestens eine Stunde lang ungestört bist (Klingel und Telefon abstellen). Der Raum sollte abgedunkelt und warm sein. Wenn du Kerzen anzündest, sichere sie gut. Bevor du beginnst, räuchere dich und den Raum mit Salbei oder Beifuß und erde dich. Dann lege dich bequem hin, decke dich gut zu und schalte dein Gerät ein, mit der Reise-Länge, die du wünschst.

Wenn der monotone Rhythmus beginnt, suche dir einen „Startplatz“. Das kann ein hohler Baum sein, ein Kaninchenloch wie bei Alice im Wunderland, eine Höhle, ein Brunnen, wie bei Frau Holle. Formuliere deine Absicht, in die Untere Welt zu reisen und lass alles weitere einfach los, vor allem, bestimmte Erwartungen.

Viele haben zu Anfang erst einmal Startschwierigkeiten, weil sie die Situation mit dem Verstand beurteilen. „Wie soll ich denn durch die Erde reisen, das geht doch nicht?“ Denk daran, dass in einem Trancezustand alles möglich ist und du deiner Phantasie freien Lauf lassen kannst. Bist du schließlich nach unten gelangt, taucht meist eine

Landschaft auf. Vielleicht triffst du auch Tiere und andere Wesen. Du kannst mit all diesen Wesen kommunizieren. Stell Fragen oder bitte um Informationen. Wenn du ein Tier triffst, kannst du es fragen, ob es dein Krafttier ist, was es für dich tun kann, und wie du auch im Normalbewusstsein Kontakt mit ihm aufnehmen kannst. Sollte dir etwas, das du dort siehst, Angst machen, verlange, dass es sich in seiner wahren Gestalt zeigt und dir Rede und Antwort steht.

Etwas wirklich Fremdes wirst du aber nicht treffen, denn es ist alles in deinem Unbewussten enthalten. Manchmal bekommst du auch Informationen, ohne groß zu fragen. Wenn das Signal zur Rückkehr kommt, meist drei schnelle Wirbel mit Pausen dazwischen, bringst du das, was du gerade machst, zu Ende, verabschiedest dich und kommst auf dem einfachsten Weg wieder zurück. Schreibe deine Erlebnisse auf, so kannst du vielleicht Muster erkennen.

Ein Mädchen aus meiner Kindergruppe begegnete ihrem Krafttier, einem Eichhörnchen. Als die anderen wissen wollten, welche Fragen sie ihrem Krafttier gestellt habe, antwortete Chanima: “Ich konnte gar nichts fragen, weil es ununterbrochen geredet hat!“ „Was hat es denn gesagt?“ „Ach, es hat alles mögliche über Nüsse erzählt und die Preise und so ...“ Alle lachten, aber ihr Erlebnis war authentisch, denn das Wesen eines Eichhörnchens ist genau so: schwatzhaft und vor allem nur an Nüssen interessiert. Gleichzeitig spiegelte es auch etwas von Chanimas Wesen, die ebenfalls sehr fröhlich ist und gern erzählt, und die eine leidenschaftliche Sammlerin aller möglichen Sachen ist.

Krafttiere wechseln. Für Kinder sind es andere als für Erwachsene. Du kannst auch mehr als ein Krafttier zur selben Zeit haben, oder eines begleitet dich nur ein kurzes Stück deines Weges.

Wenn du Freunde hast, die auch so etwas ausprobieren wollen, kann auch immer einer für die anderen trommeln oder rasseln, und ihr wechselt euch ab. Je öfter du so eine Reise unternimmst, umso leichter wird es dir fallen, deine Wege zu finden. In die Obere Welt reisen kannst du beispielsweise, indem du einen hohen Baum hinaufkletterst und plötzlich über den Wolken bist. Bestimmte Orte werden dir mit der Zeit vertraut, weil du sie wiedererkennst.

13. Raunächte

Mittwinter, Kälte und Dunkelheit. Für unsere Vorfahren eine Zeit der Ruhe nach harter Arbeit, um Vorräte und Brennmaterial heranzuschaffen. Eine Zeit für ruhige Gespräche, zum Nachsinnen über das zu Ende gehende Jahr, Zeit, Bilanz zu ziehen, Erfahrungen auszutauschen, Geschichten zu erzählen. Heute müssen viele von uns im Winter im Dunklen zur Arbeit gehen, und wenn sie Feierabend haben, ist es auch schon wieder dunkel. Selbstverständlich wird die gleiche Arbeitsleistung und Form erwartet, und bald rückt auch der Druck heran, sich Gedanken über Weihnachten zu machen: Was soll ich schenken? Wo die Ferien verbringen? Von wegen Stille Nacht! Für die meisten Menschen der westlichen Welt ist das die größte Stresszeit überhaupt, Zeit der Grippewellen und Familiendramen.

Dabei zeigt uns die Natur ganz genau, was angesagt ist: Ruhe, Innehalten, Besinnen – keine wilden Partys! Wenn du dem Angebot der Energie entsprechen kannst, wirklich in die Stille gehst, wirst du eine ganz andere Qualität dieser Zeit erleben. In den zwölf Raunächten, zwischen der Wintersonnenwende und Neujahr, kannst du die magischen Kräfte der Zeit „Zwischen den Jahren" für Erholung, Erneuerung und Ausrichtung auf den Neubeginn nutzen.

Du musst in dieser Zeit keine Einsiedlerin sein, obwohl ich selbst diese Neigung sehr wohl habe und ihr gerade in den Raunächten gern fröne. Ich empfinde diese Tage allein als köstlich. Versuche, dir ein paar Tage Urlaub zu nehmen, tue das, was dich richtig ruft, was du schon lange für dich tun wolltest. Triff dich nur mit Menschen, die du wirklich sehen willst. Entziehe dich unbewusstem Konsumverhalten, sei es Weihnachtsrummel, die Fressorgien, oder stundenlanges, willenloses Glotzen. Mache einmal etwas völlig anderes. Ich habe schon einige Raunächte fastend allein mit meinen Tieren verbracht und fand es keinesfalls asketisch. Ich habe in dieser Zeit viel aufgeräumt, im Innen wie im Außen, und war nach diesen Tagen erfrischt, ausgeruht und bereit für die Herausforderung des neuen Jahres.

Das Fest der Wintersonnenwende, Yul, am 21. Dezember, sollte aber niemand allein verbringen. Die Wintersonnenwende ist das Fest der Wiedergeburt des Lichts, des Lichtkindes, ein Freudenfest! In der tiefsten Nacht kehrt die Energie sich um – die Zeit wendet sich und das Licht kehrt zurück. Es fühlt sich so anders an, mit dem Bewusstsein in den weiteren Winter zu gehen, dass nun die Tage allmählich wieder länger und heller werden. Es ist tatsächlich von Bedeutung, worauf du deine Aufmerksamkeit richtest: auf die Dunkelheit oder das zunehmende Licht. Lade ein paar Freunde ein und stellt gemeinsam ein Ritual zusammen. Seid kreativ, ihr könnt nichts falsch machen. Stellt euch vor, ihr organisiert ein Geburtstagsfest für einen lieben Freund. Es ist der Geburtstag der Sonne, der wichtigsten Lebensquelle in unserem Universum! Singt, tanzt, lacht, kichert und rasselt! Am lustigsten ist es mit zwei, drei wirklich guten Freundinnen, mit denen du auch albern sein kannst.

Natürlich können Männer dabei sein, aber sucht sie gut aus, damit Freude aufkommt! Ich habe wirklich nichts gegen Männer bei den Jahresfesten. Meine Erfahrungen sind allerdings bei gemischten Gruppen, dass Frauen sich oft gehemmt fühlen und Männer lieber die Zuschauerrolle einnehmen, als sich aktiv zu beteiligen. Auf keinen Fall solltest du einen Mann mitschleppen, um ihm etwas „Gutes“ zu tun. Er muss schon selbst den echten Wunsch haben und sich darauf einlassen können, sonst verdirbt er dir dein Fest. Ich weiß, wovon ich rede!

Für mich war dieses Fest immer eins der fröhlichsten und kraftvollsten, egal wie die Umstände waren. Einmal regnete es seit Tagen in Strömen, aber die jungen Frauen, die ein Workshop-Wochenende auf einer Jugendburg besuchten, ließen sich nicht verdrießen. Gut verpackt gegen Regen und Kälte zogen wir los durch den Wald zu einem vorbereiteten Feuerplatz. Kaum standen wir im Kreis, hörte der Regen auf. Wir brauchten zwar eine Flasche Spiritus, um den riesigen, nassen Holzberg in Brand zu stecken, aber dann loderte er so machtvoll, dass wir stundenlang um das Feuer tanzten, und erst als wir uns auf den Rückweg machten, setzte der Regen wieder ein.

Dieses Jahr durchkreuzten Schnee und Eis unsere Pläne. Wir wollten zu einer Freundin aufs Land in einen wunderschönen Steinbruch fahren. Jetzt war Improvisation angesagt. Es war eisig, aber sternenklar. Kurzentschlossen liefen wir etwa fünfzehn Minuten zu einem kleinen Park in der Nähe, suchten uns einen Platz auf einer Wiese am Bach, unter hohen Bäumen, die voller Misteln waren. Unser Feuer war eine Fackel, doch es war ein wunderschönes Fest. Kein Spaziergänger hat uns gestört. Singend sind wir danach den ganzen Weg mit unseren Fackeln und Teelichtern im Glas heimgelaufen und empfanden es als genauso kraftvoll, wie an irgendeinem starken Platz in der Natur.

In den Raunächten kannst du dich mit Freundinnen treffen, um gemeinsam kreativ zu sein, Geschichten zu erzählen oder neue Pläne zu schmieden. Kinder stören bei solchen Treffen nie, denn sie genießen es, herumzumatschen und den Erwachsenen zuzuhören. Kinder bereichern überhaupt die Feste, selbst wenn sie dazwischen reden, lachen oder herumlaufen. Ihre Neugier und Frische, ihre Lebendigkeit und Unbefangenheit verhindern, dass die Rituale zu „heilig“ werden.

Ein Jahr wird verabschiedet. Du freust dich über deine Erfolge. Du verwirfst Dinge, und planst neu, bereitest dich vor, lädst die Batterie wieder auf. So, wie sich die Erde erneuert, wenn sie in der Winterstarre ruht, so erneuert sich unser Körper, wenn wir ihm die Ruhe dafür lassen, besonders in dieser Zeit. Seit ich diesen Prinzipien Aufmerksamkeit schenke, hatte ich keine Grippe mehr.

Der Kreis schließt sich. Du kannst zu Sylvester das Alte symbolisch verabschieden und in einem kleinen Ritual die Dinge und Angewohnheiten verbrennen, von denen du dich befreien willst. Du schreibst alles, was du dem Universum zur Transformation zurückgeben willst, auf einen Zettel, und übergibst ihn den Flammen, mit der Bitte um Verwandlung. Denk auch daran, dass den leeren Platz etwas Neues ausfüllen muss, sonst kommt das Alte oft zurück! Du kannst dein Haus, deine Wohnung ausräuchern, und die guten Energien einladen. Schaffe Raum für das Neue, das du in dein Leben rufen willst. Und dann lege zu Lichtmess den Samen dafür. Erinnere dich – du erschaffst deine Zukunft aus der Gegenwart, mit deiner Absicht und der Energie und Aufmerksamkeit, die du hineingibst. Wenn du mit der Natur lebst, zu ihren Rhythmen tanzt, unterstützt dich das ganze Universum.

Erinnere dich!

Lieder für Feste und Rituale

Isis - Astarte - Diana - Hekate - Demeter - Kali - Inanna
(als Anrufung und Ehrung der Göttin in ihren vielen Namen)

☆☆☆

Huf und Horn, Huf und Horn,
alles was stirbt wird neu gebor'n.
Saat und Korn, Saat und Korn,
fällt zur Erde und treibt von vorn.
(Als Anrufung und Ehrung des Gottes der Vegetation)

☆☆☆

Feuer heile mich, Feuer befreie mich
(für Feuer Rituale)

☆☆☆

We all come from the Goddess, and to her we shall return.
Like a drop of rain, flowing to the ocean.

☆☆☆

May the circle be open, but unbroken
may the peace of the Goddess be ever in our hearts
merry meet and merry part and merry meet again.
(Als Abschlusslied)

☆☆☆

Return, return, return, return, the earth, the water, the fire
and the air.
(Um die Elemente zu rufen oder zu entlassen)

☆☆☆

Luft ich bin, Feuer ich bin, Wasser, Erde und Geist ich bin.
(Um sich mit den Elementen zu verbinden)

☆☆☆

The River is flowing, flowing and growing,
the river is flowing back to the sea.
Mother Earth will carry me, her child I will always be,
Mother Earth will carry me , back to the sea.

☆☆☆

We are the power in everyone.
We are the dance of the moon and the sun.
We are the hope that never died.
We are the turning of the tide.
(Als Höhepunkt eines Festes oder zum Tanz um den Maibaum)

☆☆☆

Sonne, die uns Leben spendet,
die uns leuchtend warme Strahlen sendet.
Sonne, die uns Hoffnung kündet,
die uns mit dem All verbindet.
Sonne, die ein Schicksal wendet,
die die längste Nacht beendet.
Sonne scheine tief in uns hinein,
lass uns deine Strahlen sein.
(Zur Sommer- und Wintersonnenwende)

☆☆☆

Mondin, Mutter, Alte Weise,
Himmel und Erde, wir rufen dich.
Du scheinst für alle, du scheinst für alle, für alle,
die wild sind und frei, für alle, die wild sind und frei.

☆☆☆

Kore Lied

Ihr Name, unnennbar, Ihr Antlitz unvergesslich, Ihre Macht
unermesslich, Ihr Versprechen niemals gebrochen.

Tief vergräbt sie die stille Saat,
webt den Faden der Jahreszeiten
und liebt jenseits aller Gründe,
die Dunkelheit hütet Ihr Geheimnis.

Alles Verlorene findet sich wieder,
in neuer Gestalt , auf neue Art.
Alles Verletzte wird wieder heil,
im neuen Leben, zu neuer Zeit.

Sie verwandelt, was sie berührt,
alles was sie berührt, wird verwandelt. Wandle uns,
berühre uns, berühre uns, wandle uns.

Sanft erweckt sie die stille Saat,
unterm Regenbogen, ihrem Zeichen -
sind die Ketten des Winters gesprengt,
seine Macht muss ihrer Liebe weichen.
(Zur Herbst- und Frühlings Tagundnachtgleiche)

☆☆☆

Tall trees, warm fire,
Strong winds, deep water.

☆☆☆

Rund herum wir gehen und reichen uns die Hände,
leben ein Leben in Kreisen.
Unsre Liebe ist stark, und das Leben ein Tanz.
Rund herum wir gehen und reichen uns die Hände ...
... und das Leben ein Tanz!

Danksagung

Besonders danken möchte ich an dieser Stelle meinen Schülerinnen, die mich auf die Idee brachten, über meine Arbeit zu schreiben, Reinhard, der mich motivierte, meinen Lehrerinnen, insbesondere Sonja, der Alten Weisen, Andrea, die den Prozess des Schreibens mit Rat und Tat unterstützte, und meinem Vater, der meine Kreativität von Anfang an förderte.

Literaturempfehlung

Inspiriert und begleitet haben mich die Bücher von Luisa Francia, Starhawk, Angelika Aliti, Omraam M. Aivanhov, Yogananda, Uli Olvedi und Tolkien.

Bitte lesen Sie weiter ...

Melissa Bónya

Amulette und magische Rituale

176 Seiten, brosch. ISBN 3-934254-35-7

Melissa Bónya vermittelt den LeserInnen das nötige Basiswissen „rund ums Amulett". Dazu gehören u.a. die Bedeutung von Farben, Zahlen, Wochentagen, der einzelnen Planeten und Mondphasen, sowie Pflanzen und ihre Zauberkraft. Viele praktisch anwendbare Ratschläge und altüberlieferte sowie neu gechannelte, magische Rituale - Hilfe gegen Hexen- und Voodoo-Zauber, Schutzrituale und –amulette, magische Liebessteine, das Sternzeichen-Amulett, ein Schutzamulett für Ihr neues Zuhause, u.v.m. machen dieses Buch zu einem Grundlagenwerk für alle, die tiefer in die Magie einsteigen möchten. Mit zahlreichen magischen Ritualen, Zaubersprüchen und Zeichnungen.

Melissa Bónya

Schönheit aus der Hexenküche

124 S., brosch., ISBN 3-934254-25-X

„Be-zaubernd schön von Kopf bis Fuß!" – welches weibliche Wesen hört solch ein Kompliment nicht gern?!
Träumen auch Sie davon, sich wieder im eigenen Körper wohlzufühlen, im Einklang mit der Natur zu sein, und eine magische Ausstrahlung zu gewinnen?
Nur zu! Lassen Sie sich von Melissa Bónyas magischen Schönheitstips inspirieren – einer Mischung aus dem alten Wissen der Kräuterfrauen und den heutigen Erkenntnissen über Schönheit, Haut und alles, was damit zusammenhängt - und Ihr Traum wird Wirklichkeit werden!
Mit zahlreichen Rezepten und den „Sieben magischen Tips gegen Zellulitis".

Melissa Bónya

Die schlanke Hexenküche

128 S., brosch. ISBN 3-934254-21-7

Pfunde einfach wegzaubern . Wohlgefühlgewicht ohne Jojo-Effekt – mit den Geheimnissen der Natur, so wie es die Kräuterfrauen bereits seit langem praktiziert haben. Altes Wissen, die schlanke Hexenküche, wiederentdeckt von Melissa Bonya, mit Kräutern, Wurzeln, Steinen, Ritualen, Visualisierungen und Meditationen – und mit Hilfe des Mondes.
Ein Buch, das ganz besonders Frauen anspricht, und sie ihr altes Wissen, das sie seit Jahrhunderten in sich tragen, wiederentdecken läßt. Schlank durch Magie. Leben und sich wohlfühlen - im Einklang mit der Natur.

Varuna Holzapfel

Das Hexeneinmaleins – Weg einer Einweihung

128 S. brosch. ISBN 3-926374-54-3

Du mußt verstehn! Aus Eins mach´ Zehn, ...
Das Hexeneinmaleins ist ein uralter schamanischer Einweihungsweg und wurde im Mittelalter verschlüsselt, um ihn vor der Inquisition zu retten. Bei ihrer schamanischen Einweihung sah die Autorin in einer Vision ein geöffnetes Buch vor sich – die Lösung dieses uralten Rätsels.

Varuna Holzapfel

Einweihung in das Hexeneinmaleins

128 S. brosch. ISBN 3-926374-55-1

Praktisches Arbeiten mit dem Hexeneinmaleins im Kreislauf des Lebens: Geburt, Wasserweihe, Visionssuche, Einweihung in einen Geheimbund, heilige Hochzeit, Schwangerschaft u.v.m. Zeremonien und Rituale zur Einstimmung auf die Feste begleiten die einzelnen Abschnitte.

Anjana Gill

Wie Wünsche wahr werden

Persönliche Wunscherfüllung

80 Seiten, Hardcover,

mit zahlreichen farbigen Abbildungen,
ISBN 3-934254-42-X

Ein mitreißendes Buch darüber, wie wir es im Alltag schaffen, unsere Gedanken zu kontrollieren und unsere Wünsche „wahr werden“ zu lassen.
Das Besondere an diesem Buch ist der klare und logische Aufbau, der ein effektives und freudiges Arbeiten ermöglicht. – eine Art „Gebrauchsanweisung“ – in der Sie Schritt für Schritt die einzelnen, logisch aufeinander abgestimmten Punkte folgen, und schon können Sie sich auf die Erfüllung Ihrer Wünsche freuen: das richtige Haus oder den Partner/die Partnerin für's Leben.